森保一の決める技法／目次

第一章　監督とは「決める係」　9

編集協力　大木雄貴
株式会社スポーツコミュニケーションズ
DTP　美創

第一章 監督とは「決める係」

チャレンジしなかったことへの代償

２０２２年4月1日（日本時間2日）、サッカーW杯カタール大会の組み合わせ抽選会がドーハのエキシビション＆コンベンションセンターで行われ、７大会連続出場の日本はスペイン、ドイツ、大陸間プレーオフの勝者とともにE組に入った。この時点で、コスタリカの出場は、まだ決定していなかった。

抽選会場にはW杯出場の最多記録（25試合、当時）を持つ元ドイツ代表主将のローター・マテウスやW杯優勝を2度経験している元ブラジル代表のカフーらレジェンドが集結し、4年に一度の祭典に花を添えた。

日本代表監督の森保一《もりやすはじめ》は、前日にドーハ入りし、英国製のスーツをびしっと着込んで会場にやってきた。表情は驚くほど柔和で、後で本人に聞くと「緊張よりもワクワク感の方が大きかった」という。

欧州列強の一角を占めるドイツ、スペインと同組に入った感想はこうだった。

「来るかな、と思っていました。強豪ぞろいで、ドイツもスペインもW杯で優勝したことがある。プレーオフがどこになるかはわからないけど、この2チームは世界でもトップ・トップ。世界的に認知されているケースが多く、分析としてはコミットしやすい」

言うまでもなく初戦に対戦することになったドイツは、ブラジルの5回に次ぐ4回（1954年スイス大会、74年西ドイツ大会、90年イタリア大会、2014年ブラジル大会）の優勝を誇る世界屈指の強豪国だ。世界ランキングこそ11位と低めだったが、W杯においてランキングはあまり当てにならない。第3戦のスペインも10年の南アフリカ大会で初優勝を果たしている。FIFAランキングは7位だ。

日本はこれまでW杯で、2回優勝国と対戦しているが、2回とも敗れている（98年フランス大会＝0対1アルゼンチン、06年ドイツ大会＝1対4ブラジル）。

こうした過去のデータにあたれば悲観的になっても良さそうなものだが、森保は「日本が世界に追いつき追い越せという中、経験値として素晴らしい。我々はベスト

8以上を目標に掲《かか》げ、そこに入るということは世界のトップに位置するということ。相手をリスペクトし過ぎず、同じ目線で何ができるか考えたい。楽しみです」と胸を張って答えた。

さらに森保は続けた。

「93年は悲しい思いをした。今度は目標を達成して歓喜に変えたい」

93年の「悲しい思い」とは〝ドーハの悲劇〟を指す。94年米国W杯出場まで、あと数秒と迫りながら、アジア地区最終予選のイラク戦で試合終了間際に同点に追いつかれ、終了のホイッスルと同時に選手たちはピッチに崩れ落ちた。その時のメンバーのひとりが森保だった。

この〝ドーハの悲劇〟については後で詳述するが、**森保にとってサッカー人生最大の痛恨事だった**ことは言《げん》を俟《ま》たない。

あのときの僕らは、「積極性」に欠けていたのです。残りあと数十秒を守り切ればワールドカップに行ける。そこまで辿り着いたとき、普段なら相手のマークをタイトにすべきところなのに、僕らはゴール前にへばりついて守ればいいという意識になってしまいました。そうするとどうなるか。マークが緩《ゆる》んでいるわけだから、相手は自由にボールを保持できるし、思ったところにボールを蹴《け》れる。結果、クロスを入れられる。ヘディングシュートを打たれる──。

僕らは、チャレンジしなかったことに対する代償を支払わされることになりました。

状況に応じて守りに入ることは悪いことではないですが、足が止まり、相手選手へのマークが甘くなってしまったがゆえに、ギリギリのところで夢をつかむことができず、後悔することになってしまったのです。

（森保一『プロサッカー監督の仕事』カンゼン）

チャレンジしなかったことに対する代償──。それが30年前に得た教訓だった。自らが指揮を執《と》るW杯の地がドーハとは……。本人も因縁めいたものを感じていたに違いない。

森保一の原点はドーハの悲劇にある

日本中に大ブームを巻き起こしたJリーグがスタートしたのが1993年5月である。この年の10月、日本の悲願であるW杯初出場をかけたアジア地区最終予選は、セントラル方式で行われた。舞台となった**カタールの首都ドーハは、日本にとってはアウェーにも等しい中東の地**である。

出場権が得られるのは上位2カ国。日本は初戦のサウジアラビア戦に引き分け、続くイラン戦を落としたが、第3戦の北朝鮮戦、第4戦の韓国戦に連勝し、28日、アル・アリスタジアムでイラクとの最終決戦を迎えた。

勝てば、その時点で米国で開催される本大会出場が決定。引き分けでも他会場の結果（サウジアラビア対イラン、韓国対北朝鮮）次第では、米国行きの可能性を残していた。

結論を述べれば、日本は2対1とリードしていながら、後半のアディショナルタイムでイラクに同点に追いつかれ、手に入れかけていたW杯への出場権を逃す。世にいう〝ドーハの悲劇〟である。

司令塔のラモス瑠偉《るい》の回想。

「この時のイラクは強かったね。イランより強かった。でも、かわいそうだった。2年前に湾岸戦争が起き、アメリカはサダム・フセインが大統領のイラクには来てもらいたくなかった。それがわかっているから、レフェリーもイラクに対しては明らかに不利になるような笛を吹いていた」

先制したのは日本だった。前半5分、FW長谷川健太のシュートはクロスバーに弾《はじ》かれたが、それをカズことFW三浦知良が押し込んだ。

後半に入ると俄然、イラクの動きが良くなる。10分、FWアーメド・ラディが右足で同点ゴールを決めた。

　ラモスは続ける。

「なぜイラクは後半になって息を吹き返したの？　ワタシも最初は謎だった。これは後でわかったことなんだけど、フセインの息子のウダイ（当時のイラク五輪委員会委員長）がハーフタイムの時にスタンドから降りてきて選手たちに檄《げき》を飛ばしたらしい。〝オマエら、今日負けたら全員、戦争に行かせてやる！〟って。ひとりの選手がワタシに言ったね。〝それで目の色が変わったんだよ〟って。**日本じゃＷ杯に行けなかったことが〝ドーハの悲劇〟になっているけど、本当の悲劇は独裁者の命令により、戦争で命を落としたイラクの選手たちだったと思っているよ**」

　後半24分、日本はラモスのスルーパスに抜け出したＦＷ中山雅史がゴール右隅に決め、２対１と勝ち越した。オフサイドかと思われたが副審の旗は上がらなかった。

「あれをオフサイドという人がいるけど、そんなことワタシわかっていましたよ」

　そう前置きして、ラモスは振り返る。

「だってワタシがボールを持った時にゴン（中山の愛称）に（ディフェンスラインの

裏に）〝入れ、入れ〟と言ったんだから。審判はイラクをW杯に行かせたくないから、副審が旗を上げないことは最初からわかっていた。あれは狙《ねら》い通りのゴールなのよ」

しかし、このゴールはとどめにはならなかった。イラクは、さらに攻勢を強め、中盤を制圧した。ルーズボールは、ほとんどイラクに渡った。

「ワタシ、この時36歳で（最終予選は）全部出ていた。腰がヤバくて、もう限界を超えていた。相手は4人（中盤に）いるのに、こっちはワタシと森保と吉田光範の3人だけ。もう手に負えなくなっていた。

それでベンチに向かって〝北澤豪を出せ！〟と叫んだの。〝オレは足がパンパンで、もういっぱいいっぱいだ〟って。北澤が入れば中盤が厚くなり、ワタシは前に行ける。そうすれば逆にゴールのチャンスも出てくるじゃない。ところがハンス・オフト監督は、そうしなかった……」

コーラのビン1本で歴史が変わった

後半14分、オフトは長谷川に代えＦＷ福田正博を、36分には中山に代えＦＷ武田修宏を投入した。結果的にラモスの悲痛な叫びは無視された。

後半45分、ラモスとのパス交換で抜け出した武田が無人のゴール中央付近にクロスを送った。これをイラクに拾われ、カウンターアタック。イラクは、日本の左サイドからコーナーキックのチャンスを得た。

ラスト、ワンプレー。ＭＦハラフ・ムフシンのショートコーナーを、ＤＦアリ・フセインガディムがニアポスト付近へ絶妙のクロス、ＦＷオムラム・サルマンのヘディングシュートが緩やかな弧《こ》を描いてゴール左隅に吸い込まれた。

武田と交代し、ベンチに座っていた中山は、コーナーキックの瞬間、「嫌な感じがした」という。

「コーナーに行く前の雰囲気がすごく嫌だった。ベンチに戻っていた僕の位置から、あそこは見えにくいんです。だから余計に不安になる。それもあって実はあれがショートコーナーだったこと、僕の記憶にはないんです。日本に帰ってきてからビデオで見て初めて知った。じゃあ見ていないのかといえば、きっと見ているはずなんです。にもかかわらず、その部分だけが記憶からすっぽりと抜け落ちている」

――記憶の隅から消し去りたいとの意識でも働いているのでしょうか？

「そうかもしれません。今でもあのゴールは、スローモーションでポワ～ンとした像が残っているだけなんです。なにしろベンチではカウントダウンしていたんです。多少のロスタイムはあるにしても、タイム表示を見ながら『10、9、8、7、6、5、4、3、2、1、0！』って。ところがあのコーナーキックで〝わぁ……〟ですよ」

――中山さんは顔を覆《おお》ったまま、後ろ向きに倒れてしまった。

「〝たられば〟ではありますけど、あの時アメリカに行っていたらどうなっていたかな、という思いは今でもあります。日本のサッカーはどう変わっていたんだろうって。あるいは炎天下のアメリカでどう戦っていたんだろうって。あのチームは**フランスに行ったチームより、まとまりという点では上だった**と思います」

同点ゴールが決まった瞬間、ラモスは茫然自失の表情でピッチにへたり込んだ。

「ワタシはショートコーナーの前にレフェリーに〝終わりか？〟と聞いたの。イタリア語で〝スィー（イエス）〟と答えた。だったら、蹴った段階で終わりにすればいいじゃない。それが、なぜかつながってしまった。だから不思議なんです」

同じ疑問は、当時、強化委員長の任にあった川淵三郎も口にした。

「後で僕もレフェリーに聞いたんだ。〝前半は時計の針がゼロになった途端にピッと笛を吹いたのに、後半は吹かなかった。あれはおかしいんじゃないか？〟って。すると、後半の試合中、イラクのサポーターがピッチの中か外にコーラのビンを投げ入れたらしい。こんなことがあるとレフェリーは試合妨害の証拠品として第4の審判のところにそのビンを持っていかなければならない。その時間がロスタイムに加えられたと……」

――コーラのビン1本で歴史が変わっちゃったと？

「そう、たったビン1本でね」

W杯の借りはW杯で返す

この試合に森保はフルタイム出場している。ショートコーナーについては「意表を突かれたものだった」という。

「僕自身、ゴール前で守りを固めていたら守れるかな、という思いはありました。僕も含め皆の気持ちが受け身になっていた。あの時、僕が何か声をかけていれば……」

キャプテンの柱谷哲二によれば、「ロッカールームは地獄絵図そのもの」だった。

「すすり泣いているヤツがいれば、声を出して号泣しているヤツもいる。それでも、**皆で泣きながらロッカールームを掃除したんです**」

ドーハのホテルで柱谷は森保と同室だった。

「先に部屋に戻ってソファで水を飲んでいると、ポイチが入ってきてベッドに倒れ込んで、うつ伏せになったまま泣いていました。そして泣きやんだと思ったら急に立ち上がって、フラフラとベランダに出ようとするんです。〝ポイチ！〟と声をかけても返事がない。不安になって〝おい、どこに行くんだ！〟と怒鳴《どな》ったら、我に返ったように〝部屋が暑いから外に出ます〟と言うわけです。でも部屋はクーラーがきいていて、むしろ外の方が暑い（苦笑）。もちろん、変な気を起こしたりはしなかったでしょうが、相当追い詰められていたんだと思います」

そのことについて問うと、森保は「あまり覚えていない」と言った。それくらいショックだったのだろう。

ワールドカップは夢だった。夢に賭《か》けていた。何度も何度も合宿をして、家族といるより哲さんといるほうが長くて、本当に夢に手が届くところまできていて、つかみかけていて、つかんだと思ったら失ってしまった。あの時のことを思い起こすと今でも熱いものがこみ上げてくる。

（森保一、西岡明彦『ぽいち』フロムワン）

五輪に出場するトップアスリートの常套句《じょうとうく》に「五輪の借りは五輪でしか返せない」

というものがある。サッカー選手なら「W杯の借りはW杯でしか返せない」——。W杯出場を決める直前、目の前に遮断機が下りてきた森保たちの心情は、いかばかりだったか。代表監督となった森保はドーハ組全員の無念の思いも背負っている。目の前の**出来事に一喜一憂しないのは、どん底を知ってしまったから**だろう。

森保は、大きな試合の後に、日本代表監督の肩書きで出席するイベントの予定を入れない。「その時も同じ立場でいられるかどうかわかりませんから……」

契約はあっても、それは約束されたものではない。刹那に生きる勝負師の原点は30年前のドーハにある。

日本はイージーな相手

森保はカタール大会を戦うにあたり、目標を「ベスト8以上」に定めていた。メディアの多くはE組に〝死の組〟とのレッテルを貼ったが、確かに日本にとっては難路が予想された。

しかし格上のドイツとスペインからすれば、イージーな組と映ったに違いない。組み合わせ抽選会の2カ月後に出場を決めたコスタリカにしても、FIFAランキングこそ日本を下回る31位ながら、14年ブラジル大会ではベスト8に進出している。過去の最高成績だけで格付けすれば、日本はE組中最下位だった。

カタール大会前、サッカー評論家のセルジオ越後と対談する機会があった。セルジオとは30年くらい前からNHKラジオの年末特番で、その年のスポーツを振り返る対談を行ってきた。辛口で鳴る御仁だが、「やり方次第では（グループリーグを）突破できるよ」と珍しく甘口だったのが印象に残っている。

二宮　従来、W杯は6〜7月に行われていましたが、今回はカタールの猛暑を避けるために11月下旬に開幕します。

越後　僕は11月開催がすごく楽しみなんです。

二宮　どういった理由で？

越後　これまでの流れだとヨーロッパ主要リーグの日程を全て消化してからW杯が始まっていたじゃない？　ビッグクラブに所属するスタープレーヤーたちは多くの試合をこなすから体がボロボロの状態で代表に合流しなくちゃいけなかった。今回は**スタープレーヤーたちがフレッシュな状態でW杯に臨めそう**だね。

二宮　今回、スタジアムには冷房が完備されています。暑さ対策に余念がないですね。

越後　アジア最終予選で日本代表が中国代表と対戦した時、カタールのスタジアムで試合したよね？

二宮　新型コロナウイルスによる渡航制限により、中国サッカー協会（ＣＦＡ）が中国での試合開催を困難と判断したためですね。２０２1年9月8日（日本時間）に中国で行われる予定だった日本対中国戦がカタールでの開催となりました。

越後　一度、選手が経験しているのは大きい。中国代表に1対0で勝った後、次はアウェイのサウジアラビア代表戦だったでしょう？「次のサウジアラビアのスタジアムは冷房ないから、気を付けてね」ってポロっと言ったら……。

二宮　セルジオさんが不吉なことを言うから0対1で負けちゃった（笑）。

越後　冗談で言ったんだけどなァ。結果的に日本代表がW杯に出場できてホッとしたよ。

二宮　ヨーロッパとカタールの時差がさほどないのは好影響でしょう。たとえば、イングランドとカタールの時差は約2時間です。

越後　それは大きなメリット。聞いたところによるとブラジル代表は一度、イングランドに入ってからカタールに乗り込むみたい。日本代表のメンバーも大半が海外組だしね。国内組はおそらく3〜4人でしょう。大幅な時差の調整が必要な選手は少ないから、コンディション調整はやりやすいよね。

二宮　さて、日本代表はドイツ代表、コスタリカ代表、スペイン代表と同組のグループEに入りました。

越後　厳しいグループだね。どの国も日本代表から「勝利＝勝ち点3」をマストに星勘定するでしょう。

二宮　予想を覆《くつがえ》すための方策は？

越後　縦に走る距離がどうしても長くなっているから、それを縮めたいよね。低い位置でボールを奪って攻撃に転じようとしても、相手ゴールまでが遠すぎる。それで体力を消耗しているから、できるだけ高い位置でボールを奪って攻撃を仕掛けたいね。

二宮　サイドハーフが守備に追われ、サイドバックと同じ位置にいることが多すぎますね。

越後　これだとしんどいよね。体力がある試合序盤はいいんだけど、時計の針が進むにつれてプレスが弱くなって失点してしまう。どうやって**プレスをかけて、効率よくボールを奪えるかがカギ**になりそう。

（SPORTS　COMMUNICATIONS　2022年8月24日配信）

62年かかったドイツへの恩返し

2018年までのW杯において日本は過去3度（02年日韓大会、10年南アフリカ大会、18年ロシア大会）、決勝トーナメントに進出していたが、3度とも初戦で勝ち点をあげている。逆にグループリーグで敗退した3度は、いずれも初戦で敗れ、勝ち点を逃していた（98年フランス大会＝アルゼンチンに0対1、06年ドイツ大会＝オーストラリアに1対3、14年ブラジル大会＝コートジボワールに1対2）。

W杯で何度もベスト8以上にコマを進めているような**強豪国なら、グループリーグで慣らし運転をしながら調子を上げていくというプロセスを踏む**ことができる。だが日本の場合、勝ち点0で初戦を終え、そこから反転攻勢を仕掛けるという展開は、およそ描きにくい。とはいえ相手はドイツだ。引き分けなら御の字、勝利は望外——おそらく、多くの者がそう考えていたのではないか。

サッカーにおけるドイツと日本は、いわば師弟の関係だった。

「フランクフルトの空港に迎えに来てくれた彼を見た時、やけに小さな人だな、と思ったよ。ドイツ人はもっと大きいと思っていたからね。ハンチングを脱ぐと髪は薄かった。もう50過ぎかなと……。実際はまだ35歳くらいだったんだけどね」。それが日本サッカーの〝中興の祖〟である川淵三郎が、後に、〝日本サッカーの父〟と呼ばれるデットマール・クラマーと最初に会った時の印象である。

1960年の夏、川淵は早大の4年生。日本代表強化のためのドイツ遠征だった。「そのままバスに乗り、その足で（デュッセルドルフ近郊の）『デュースブルク・スポーツ・シューレ』というスポーツ施設に向かった。白樺の林に囲まれた施設に、緑の芝生が敷き詰められた8面のグラウンド。宿泊施設もホテルみたいで、見るもの全てが新鮮だったね」

一度、私も見せてもらったことがあるが、川淵はこの時のドイツ遠征での出来事や感想を、自らが撮《と》った写真とともに、全て日記につけている。このデュースブルクの思い出は、川淵の青春の原風景であり、それを青写真にしてJリーグの構想が練り上げられたことは、今では広く知られている。

60年夏に開催されたローマ五輪出場を逃した日本は、4年後の東京五輪に向け、再スタートを切っていた。協会がドイツ人指導者に白羽の矢を立てたのは、54年スイスW杯で優勝した西ドイツ（当時）のスタイルを多とする、という方針によるものだった。

「1＋1は2。そんな基本から教えてくれたのがクラマーだった」

川淵は続けた。「スポーツ・シューレで初めて見たもののひとつに16ミリフィルムがある。フィルムにはW杯の過去の試合に加え、ボールコントロールなどの基本動作もおさまっている。それをクラマーが丁寧《ていねい》に説明してくれる。毎晩、フィルムを見るのが楽しみでね。目で見て覚えたことを翌日、芝生の上で繰り返し練習する。そうやって、ひとつひとつ基本を身につけていったんだ」

クラマーは厳格な教師であると同時に、激情家でもあった。遠征中での出来事。

「確かドイツのどこかの地域代表との試合だったと思うんだけど、0対5で負けた。すると試合後〝我々、ドイツ人にはゲルマン魂がある。キミら日本人には大和魂があると聞いていたが、どこにあるのか!?〟と随分、叱られたね。聞けばクラマーは大戦中、落下傘部隊を率《ひき》いていたというんだ。彼は怒り方もうまかったよ」

クラマーを抜きにして64年東京五輪でのアルゼンチン撃破、68年メキシコシティー五輪での銅メダルを語ることはできない。ドイツ戦を前に川淵は語ったものだ。「ついに日本もここまできたか。そう言って喜ぶクラマーの顔が見てみたいね。それが日本サッカーからの恩返しになるのかな」。まさか、それが現実のものになるとは……。

鮮度のいい魚をいけすにはなす

２０２３年11月23日、ハリファ インターナショナル スタジアム。前半の戦いぶりを見る限り、**日本が番狂わせを演じられそうな予感**は、ほとんどなかった。「ドイツをリスペクトし過ぎて、消極的になってしまった」とMF鎌田大地が試合後に語ったように、ほとんどハーフコートマッチの様相を呈していた。

それでも最初に決定機をつくったのは日本だった。前半８分、鎌田が自陣でボールを奪い、ドリブルで運んだ。右サイドを走るMF伊東純也へパスを走らせる。伊東からの速いクロスに詰めていたのが、FWの前田大然だ。前田の左足でのシュートはゴールネットを揺らしたが、オフサイドの判定に泣かされた。前半での、日本のチャンスらしいチャンスはこれくらいだった。

31分、ペナルティーエリア内左でフリーになったDFダビド・ラウムにボールがわたる。GK権田修一が飛び出したが、ラウムを倒してしまい、ドイツがPKを得る。MFイルカイ・ギュンドアンが決め、0対1。

ピッチの横幅は68メートル。ドイツは端から端まで使ってダイナミックに攻めてきた。前半アディショナルタイム、MFヨシュア・キミッヒに左足でゴール右隅を狙われたが、権田がファインセーブ。もし、もう1点取られていれば、そのままズルズルいっていたかもしれない。ドイツはストライカー不在が尾を引いた。

後半、森保は動く。W杯直前、ハムストリングスをケガしていたDF冨安健洋を入れ、システムを4－2－3－1から3－4－2－1（5－4－1）に変更した。これによりドイツのアタッカーをつかまえやすくなった。守から攻の切り換えも容易になった。さらに12分には前田とＤＦ長友佑都に代え、ＦＷ浅野拓磨とＭＦ三《み》笘《とま》薫を投入した。

カタール大会では交代要員が従来の３人から５人に増えていた。鮮度のいい魚をいけすに入れると、いけす全体が活性化することがある。前半と後半とでは、まるで別のチームのように映った。

ピッチに生じたモメンタム（勢い）はＧＫにも伝わる。25分、権田がビッグセーブを連発し、追加点を許さない。ＧＫの**神がかり的なセーブの連発は、弱者が強者を倒す際に欠かすことのできないトピック**だ。

指揮官は攻撃の手を緩めない。26分にはＭＦ堂安律を、30分にはＭＦ南野拓実を投じ、ゴールへの圧力を強める。

そして30分、左サイドで三笘が仕掛け、ニアサイドに走る南野へ。左足でのシュートはＧＫマヌエル・ノイアーに左手で弾かれたが、詰めていた堂安が左足で蹴り込んだ。

試合後、堂安は満面の笑みを浮かべて、「オレが決めるという気持ちで入った」と語った。こういう男が頼りになるのである。

選手の人間的成長も見逃さない

勢いに乗る日本は、ついに逆転に成功する。38分、自陣右サイドで得たフリーキックをDF板倉滉がDFの裏へ放り込んだ。これに俊足の浅野が追いついた。
浅野はその15分前にも、同じような位置からシュートを放っている。これはDFアントニオ・リュディガーにブロックされたが、シュートの感覚と軌道を確認することができたのではないか。
「よし、うまく止められた。オフサイドと思うけど……。とりあえず、このまま行ったれ！」（浅野拓磨『浅野拓磨　奇跡のゴールへの1638日』朝日新聞出版）
オフサイドか否か。一瞬、ピッチに流れた微妙な空気が浅野には幸いした。

「たぶん、まだオフサイドだと思っているのだろう。難なく、半歩前に出られた」(同前)

ドイツのGKは、セービング技術に定評のあるノイアーだ。至近距離からのシュートにも無類の強さを発揮する。そのノイアーの肩口を、浅野は右足でブチ抜いた。2対1。

自著によると、くるぶしにボールが当たったことで、思い描いていたよりも威力が強く、球足の速いシュートになったという。運も浅野に味方したのだ。

ところで森保と浅野の関係は、森保がサンフレッチェ広島を指揮していた2013年からスタートする。15年にはスーパーサブとして、森保サンフレッチェ3度目の優勝に貢献している。いわば森保の愛弟子《まなでし》とも呼べる存在だ。

16年7月から浅野は**ヨーロッパに活躍の場を求めるのだが、森保が愛弟子の人間的成長を実感したのはW杯ロシア大会での振る舞い**だった。

「ロシアで浅野は最終メンバーに残れませんでした。結局、バックアップメンバーで終わってしまったんですが、他の選手が帰国したり、プレーしている国に戻る中、彼だけがロシアに残り、初戦までいました。彼がスタンドからグラウンドを見つめている姿は今も覚えています。4年後にかける思いが、ひしひしと伝わってきました。

そして、あれはアジア最終予選の時ですかね。コロナ禍でメンバーを23人にプラスして選ぶことができた。浅野に〝メンバー外で招集していいか？〟と聞くと〝行きます！〟と言ってくれた。彼の、**あのスピードとゴールに向かう迫力が、間違いなく代表の戦力となる**と確信したのは、21年10月、埼玉スタジアムでのオーストラリア戦ですね。2対1で勝った試合で、決勝点のオウンゴールは彼が誘ったもの。彼の得点といってもいい。結果的に、あの勝利が日本をカタールに導くきっかけとなったわけですが、〝W杯への思いが強い選手がやってくれるんだ〟と再認識させられました」

森保ジャパンのコンセプトは「いい守備から、いい攻撃へ」である。現役時代に構築した自らのサッカー観がベースにある。システムを変更してからの一気呵成《かせい》は、ドイツをのみ込むほどの迫力に充《み》ちていた。

ドイツ相手に2対1。この結果を海外のメディアは、どう報じたか。

〈ドイツ代表 大失敗のスタート〉〈信じられない。ドイツ代表の大失敗は1次リーグで敗退した前回大会を思い起こさせる〉（ともにドイツ誌　スポーツビルト電子版）

〈日本がドイツを驚かせた。ワールドカップでのもう一つのサプライズ〉（スペイン大手スポーツ紙　マルカ）

〈日本は袖《そで》の中にカードを隠し持つマジシャンのようだった〉（スペイン全国紙　ABC電子版）

4日後、アフメド・ビン・アリー・スタジアムでのコスタリカ戦。初戦、スペインに0対7と大敗しているコスタリカと、強国ドイツを2対1で倒した日本。勢いをもってすれば日本に分がありそうなところだが、サッカーは不確実性のスポーツである。

ドイツ戦で勝ち点3をあげている日本にすれば、この試合で勝ち点1（引き分け）以上をとれば、グループリーグ突破が濃厚となる。一方のコスタリカには勝ち点3、最悪でも勝ち点1以上が求められた。

コスタリカにすれば前半早々、前がかりになって攻めたいところだが、それは同時に大きなリスクをはらむ。そこでのらりくらりと攻めながら、スキがあればハチの一刺し――と考えたのであろう。

コスタリカに負けた本当の理由

結論からいえば、日本はまんまとこの手にはまった。攻めたいのか守りたいのかよくわからない、相撲でいうところの〝なまくら四つ〟のようなサッカーに、日本は弱いのだ。

この試合、日本は先発をドイツ戦から5人入れ替えた。DF山根視来《みき》、MF守田英正、MF相馬勇紀、FW上田綺世《あやせ》、そして堂安がアフメド・ビン・アリー・スタジアムのピッチに立った。なぜベストメンバーで臨まないのか、との声も聞かれたが、目標とするベスト8に到達するためには、最低でも4試合戦わなければならない。もとより、森保は、「選手は先に出るか、後から出るかの違い」と語っている。3戦目のスペイン戦、さらにその先を見据《みす》えての起用法だったのだろう。

後日、その点を質《ただ》すと、森保は「いや、（決勝までの）7試合を考えていました」と言い、こう続けた。

「決勝までの7試合を、どう戦うか。それは大会前から考えていました。世界最高峰のフィジカルモンスター、スピードモンスター相手に、どう戦うかとなった時、一部の選手だけでは勝ち上がっていけません。

というのも、W杯は1試合で蓄積される疲労が、他の大会とはまるで違う。だから大会前、選手たちには〝一試合一試合、総入れ替えして臨むこともあるぞ〟と話していました。交代枠を有効に使い、選手たちにはフルパワーで戦ってもらう。疲れた選手は即座に代えて、新しい選手にフルパワーを出してもらう。そうしなければ勝ち上がるのは困難だろうと……」

コスタリカはガードを固めるボクサーのように、5バックを敷いてきた。日本にボールを持たせても、決定的なシュートは打たせない。試合前、鎌田は「（コスタリカは）最後の部分で戦ってきたり、体を当てて、みんなで守ってくるイメージがある」と語っていたが、その通りの展開となった。

　後半36分、日本にミスが出た。DF吉田麻也の中途半端なクリアボールを拾われ、ペナルティーエリア内右のDFケイシェル・フジェルにパスがわたる。ゴール左上を狙った左足のシュートは権田の手をかすめ、ゴールネットを揺らした。失点後、吉田は頭を抱えたが、時すでに遅しだった。

　ドイツ戦の後半のように、やることが明確になった時の日本は強い。鎌倉武士ではないが、〝一所懸命〟に自らのタスクを実行する。チーム全員がミッションを共有しているから、1＋1が3にも4にもなる。日本が得意とする連動性だ。

　ところが、自陣に引きこもられ、のらりくらりとこられると、それにつき合ってしまうクセがある。後半に入って5枚のカードを切ったが、老獪《ろうかい》なコスタリカ守備陣に体《てい》よくあしらわれた。

結局、0対1でこの試合は勝ち点0。傍観者のような言い方で恐縮だが、**これがW杯の恐ろしいところであり、またおもしろいところ**でもある。

E組のもうひとつのカードであるドイツ対スペインは1対1の引き分け。この結果、E組は全ての国にグループリーグ突破の可能性が残るという大混戦となった。日本は第3戦のスペインに勝利すれば自力突破、引き分ければドイツ対コスタリカ戦の結果次第、負ければグループリーグ敗退――。E組は本当に〝死の組〟になってしまった。

1ミリでも、線にかかれば

12月1日（日本時間2日）、舞台は番狂わせを演じた初戦のドイツ戦と同じハリファ インターナショナル スタジアム。試合前、森保は「過去は変えられないが、未来は自分たちの力で変えられる」と選手たちに熱弁を振るった。

布陣は5バック（5－4－1）に近い3－4－2－1。スペインはMFセルヒオ・ブスケツ、MFガビ、MFペドリといずれもバルセロナでプレーする中盤を軸にテンポ良く攻撃をビルドアップし、ゴールへと向かう。

日本の失点は前半11分。MF守田のクリアボールがFWニコ・ウィリアムスに拾われ、右サイドバックのセサル・アスピリクエタからクロスが入る。ヘディングでゴールを決めたのはFWアルバロ・モラタ。その後も日本はスペインの猛攻に手を焼き、最終ラインの吉田、板倉、DF谷口彰悟の3人が警告を受けた。

前半が終わって0対1。これは日本にとって決して悪くないスコアだった。ハーフタイムで森保は「後半は、よりゴールを狙っていくぞ」と語気を強めた。

スペインにとっても1対0は悪くないスコアだが、ハーフタイムでルイス・エンリケ監督は「前半に危ないところはなかったが気をつけろ。後半、日本は出てくるぞ」と注意を促した。念頭にドイツ戦のことがあったのは間違いないだろう。

嫌な予感ほど、よく当たるという。これは認知バイアスのひとつで、たとえそれが望んでいないことであったとしても、不安がかき立てられる事象が発生すると「ほら、やっぱり……」と人間には、どこかホッとする面があるのだという。不安や不幸を自らが招き寄せることで安心する、というのも変な言い方だが、その裏には「自分の予感はよく当たる」「自分は予測能力に優れている」と確信することで得られる歪んだ自己肯定感があるのかもしれない。

指揮官から「気をつけろ」「出てくるぞ」と指摘されれば、百戦錬磨の選手といえども暗示から逃れることは難しい。スコアも**同じ1対0で後半を迎えるにあたり、スペインは日本対ドイツ戦の残像とも戦わなければならなくなったのだ。**

それを日本は上手に利用した。いや利用するまでもなく、やるべきことはひとつしかなかった。

後半開始と同時に森保は攻撃のカードを切った。MF久保建英《たけふさ》に代え堂安を、長友に代えて三笘をピッチに送り出したのだ。

3分、伊東がヘディングで競り、そのボールをペナルティーエリア手前で拾った堂安が左足を振り抜いた。ニアを狙った鋭いシュートはGKウナイ・シモンの手を弾き、そのままゴールネットに突き刺さった。

1対1。この同点ゴールには陰の立役者がいた。俊足を売り物にするFW前田である。GKへのバックパスを猛然と追いかけたことが、GKのキックを狂わせた。

さらに、その5分後だ。伊東、堂安の連係で右サイドを突破、堂安のクロスはファーに流れたかと思われたが、そこに走り込んできたのが三笘だ。ギリギリで追いつき、左足で折り返したボールをMF田中碧が右足で押し込んだ。

適材適所に加えて「適時」の決断を

試合後、殊勲の三笘は「1ミリでも（線に）かかっていればいいなと思って足を伸ばした」と興奮冷めやらぬ表情で語った。

勝ち越したとはいえ、この時点で、まだ後半6分だ。スペインが、このまま黙っているはずはない。24分、森保はMF鎌田に代えハムストリングスを痛めコスタリカ戦を欠場した冨安を右サイドの端に入れ、スペインのサイドからの攻撃に備えた。42分には、コスタリカ戦で右ヒザを痛めたMF遠藤航を田中に代えて送り出し、中盤の要衝に出城を築いた。

遠藤はブンデスリーガで2季連続デュエル勝利回数1位に輝いた、いわば球際の名手である。「まぁ僕はプレミアリーグでやっているので」と自信を持って言い切る冨安と〝デュエル王〟の2枚が加わったことで、チームは心理的な安定を得た。

適材適所、そして適時。用意していた**いくつかのプランの中で、森保は「相手の攻撃を断ち切る」ために最も有効なカード**を切り続けた。

「実際、冨安が入り、一発目の相手の仕掛けを止めてくれたことで、相手は仕掛けられなくなった。それによって、こちらは攻撃に専念できるようになった。遠藤の起用もそうですが、相手の勢いをそぐこちらの狙いは、十分当たったと思っています」

故障を抱えている選手に対しては、本人とのコミュニケーションはもちろん、チームドクターともフェース・トゥー・フェースで緊張感のあるやり取りを繰り広げた。

「これはチームドクターにも、はっきり申し上げました。〝先生、できるかもしれない、できないかもしれないという言い方はやめてください〟と。

というのも、これまで支援していただいたチームドクターの中には、そういう言い方をされる方がいたんです。現場としては、それが一番困る。要するに使えるか使えないかをはっきりさせてくれ、と。白なら白、黒なら黒、そこをはっきり言い切ってもらいたいんです。

もっと具体的に言えば、リハビリしている選手に対し、どのタイミングなら使っていいのか、何分なら出られるのか、そこだけはケガの状態を一番よく知るドクターに断言してもらいたい。その部分の責任は、しっかり負ってください、と僕ははっきり言います。

僕は、監督はマネジャーだと思っています。コーチングスタッフもバックヤードのチームスタッフもいる中、皆がチームを勝たせるためには何ができるかを真剣に考えている。そこで大事なのは、個々が自らの担当部門の責任を負うということです。

もちろんチームの最終的な責任は僕がとります。しかし、それはあくまでも最終的な責任であって、任されているところは個々で判断し、責任を負ってもらいたい。

たとえば、ドクターが〝この選手は使えません〟と言ってきた場合、本当は使えるだろうと思っていても、僕の権限で当該《とうがい》の選手を使ったことは一度もありません。もし僕がそんなことをしたら、ドクターは僕のことを信用しなくなる。任せる以上は、スタッフの意見を尊重するというのが僕の基本的なスタンスです」

任せるから、決められる

〝マネジメントの父〟と呼ばれるP・F・ドラッカーには「業績を上げる最大のカギは責任感である。権威や権限ではない」という名言がある。

ともすると**「権限」は欲しがっても「責任」はとろうとしない管理職が少なくない**中、トップは「責任」こそが大事だと説かなければならない。責任を負っているからこそ、「権限」を持つことができるのだと。これが逆転すると組織は不幸なことになる。

試合に戻ろう。第4審判が掲げたボードに表示されたアディショナルタイムは7分。

18年ロシア大会のベルギー戦では、2対0とリードしながら、後半の半分を過ぎてから3発のシュートを叩き込まれ、逆転負けを喫《きっ》している。

そして何より、ここドーハの地で、29年前に日本は奈落の底に突き落とされた苦い記憶を有している。イラクに残り数秒で同点に追いつかれ、99・9％手にしていたW杯への出場権を逃しているのだ。

スペインにこのまま勝てば、日本はドイツ戦で得た勝ち点3を合わせて6となり、1位通過が決まる。しかし、E組のもうひとつの会場では大変なことが起きていた。後半40分、ドイツがコスタリカを3対2と逆転したのだ。仮に日本がスペインに追いつかれ引き分けた場合、ドイツに勝ち点、得失点差で並ばれ、総得点で下回る――。悪夢のようなシナリオが潜んでいたのだ。

後日、森保に「〝ドーハの悲劇〟のことは頭に浮かんだか？」と問うと「残り1分ぐらいの時に少しだけ浮かんだ」と言い、こう続けた。

「確かに攻められてはいたけど、選手たちの気持ちが受けに回っていなかった。相手に立ち向かっていくというか……。それを見ていて〝時代は変わったな〟と思いました。僕自身、イラク戦では〝ゴール前の守りを固めたら守れるかな〟という思いがありました。そうした心のスキを突かれてしまった。しかし、今の選手たちは、ただ守るのではなく、ボールにアタックできていた。あの**〝ドーハの悲劇〟から29年、これだけ日本の選手は成長した**のか。それを誰よりも実感したのが当事者の僕でしたね」

2対1。試合終了のホイッスルがスタジアムに鳴り響いた直後、森保は横内昭展《あきのぶ》コーチと抱き合った。

そして選手たちの輪に飛び込み、興奮そのままに絶叫した。

「みんなが世界の舞台で勝てることを示してくれた！　今日は喜べ！　でももっと先に目標はあるぞ！　喜ぶところは喜んで次に結果を出す！　おめでとう！」

「やりたいサッカー」と「やれるサッカー」は違う

グループリーグを1位で通過した日本。W杯優勝4回のドイツ、同1回のスペインを逆転で下した森保ジャパンは、公約通り、私たちに「新しい景色」を見せてくれた。ドイツ戦のゴールは後半30分と38分、スペイン戦は後半3分と8分。同点弾と逆転弾を前者は8分間、後者はわずか5分の間に集中して叩き込んだ。

両大国は、これまで経験したことのない日本特有のラッシュアワーに巻き込まれたような錯覚に陥ったのではないか。なす術《すべ》もなく立ち尽くす巨人たちの姿が、それを如実に物語っていた。

象徴的だったのは、スペイン戦の後半3分の同点ゴールだ。「あそこはオレのコース」。そう言って左足を振り抜いた堂安の舞台度胸はさすがだが、まるで獲物を追う猟犬のような前田の最前線からのチェイスがなければ、あのゴールは生まれなかった。三笘の〝1ミリ〟の折り返しによってもたらされた田中の決勝点も、先に飛び込んだ前田がダミーの役割を果たしていた。前田のスプリント回数は、この日、チーム最多の60回を記録した。

ドイツ戦とスペイン戦。森保ジャパンは高速スプリンターを、要所要所で適宜起用してラッシュアワーをつくり、同点、そして逆転につなげた。これをひとつのリアクション芸と見なせばその通りだが、**世界最高峰の舞台であるW杯において日本の貴重な戦術資源でもあると確認できた**のは、これ以上ないほど大きな成果だった。

リアリストの森保は、口ぐせのように「やりたいサッカーとやれるサッカーは違う」と言う。現実を直視し、「やれるサッカー」を磨き上げることが、「やりたいサッカー」へとつながっていく――。彼はそう考えているのだ。

私見だが、現実は「見る」ものではなく、「超える」ものである。しかし、論理矛盾のように聞こえるかもしれないが、「超える」ためには、しっかりと現在地を「直視する」、すなわち確認する作業が必要になってくる。「千里の道」への旅に出るには、まずは出だしから転ばぬよう足元の石ころを丁寧《ていねい》に拾い集めなくてはならない。そうして踏み出した「一歩」がやがて一里となり、百里となり、千里先の景色まで眺望できるようになるのである。

すなわちロマンチストとは、リアリストの進化形の謂《いい》なのだ。

敗退後、選手にどんな言葉をかけるか

クロアチアとの決勝トーナメント1回戦は12月5日（日本時間6日）、アルジャノブ　スタジアムで行われた。ＦＩＦＡランキング12位のクロアチアとは、過去Ｗ杯で2回（98年フランス大会＝0対1、06年ドイツ大会＝0対0）戦い1敗1分け、まだ一度も勝っていない。

クロアチアは初めて出場した98年大会で3位、前回の18年ロシア大会では準優勝を果たしている。過去ＰＫ戦2勝0敗という戦績が示すように粘り強さを身上とする。

主力は10番を付けるＭＦルカ・モドリッチ。以下のコメントからもわかるように、かねて森保は、この選手を高く評価していた。

「モドリッチは２０１８年のＦＩＦＡ年間最優秀選手賞に輝きましたが、これまで賞を獲《と》ってきたリオネル・メッシやクリスティアーノ・ロナウドと比べると、**攻撃だけでなく、献身性を持ってチームのために戦える**選手。チームのためにハードワークしつつ、個としても高いレベルのプレーを見せる。モドリッチが今回、受賞したことは、

現代サッカーにおけるスーパースター像が、ちょっと変わってきたからのような気がしています」

日本の布陣は3－4－2－1（5－4－1）。故障していたDF冨安とMF遠藤が先発に入り、ドイツ戦、スペイン戦で同点ゴールを決めたMF堂安もコスタリカ戦以来のスタメン復帰となった。

先制したのは日本。前半43分、堂安の右CKをMF鎌田、MF伊東がつなぎ、再び堂安へ。左足のクロスをファーサイドに走り込んでいたDF吉田が折り返し、FW前田が左足で流し込んだ。

前半は1対0。メンバーの交代はなかった。ここまでの流れは悪くない、と判断したのだろう。クロアチアもメンバー変更はなかった。

後半10分、日本は高さに屈した。DFデヤン・ロブレンの右サイドからのアーリークロスに、ファーサイドから走り込んできた186センチの長身FWイバン・ペリシッチが、ドンピシャのタイミングで頭を振った。ゴール右隅に突き刺さり1対1。

19分、日本のベンチが動いた。DF長友に代えジョーカーのMF三笘、前田に代え浅野をピッチに送り出した。この大会で十分過ぎるほど名前を売った三笘に対して、クロアチアの選手たちは複数で囲い込み、容易に突破を許さない。

試合は延長戦に突入。15分、三笘は単独突破を試み、強烈なシュートを放ったが、惜しくもGKドミニク・リバコビッチの正面を突いた。

結局、試合は**延長の前後半でも決着がつかず、1対1のまま、10年南アフリカ大会のパラグアイ戦以来2度目のPK戦**へ。先攻の日本は、最初のキッカーを志願したMF南野、2人目の三笘が立て続けにGKにセーブされ、苦境に立たされる。3人目の浅野は冷静にゴール右へ流し込んだが、4人目の吉田のシュートは、またしてもGKに阻《はば》まれた。クロアチアは4人目のMFマリオ・パシャリッチがゴール左に決め、ベスト8進出を決めた。

試合後、森保は選手ひとりひとりの労をねぎらうようにハグし、こう語った。

「みんなが新しい景色、最高の景色を目指していけば必ず歴史が変わる。この悔しさを胸に刻んで、みんなでやっていく。我々をこの素晴らしい舞台につなげてくれた選手たち、サッカーファミリー、日本国民の皆さんに感謝をして、胸を張って次に向かおう！」

ＰＫ戦は時の運ではない

10年南アフリカ大会に続いてベスト８進出を阻まれた日本。しかし、クロアチア戦は、ＦＩＦＡ公式記録では「引き分け」と記載されている。すなわち22年カタール大会での日本の正式なリザルトは「２勝１敗１分け」である。

このように、ＰＫ戦は、あくまでもトーナメントの階段を上るための手段に過ぎないのだが、だからと言ってＰＫ戦を「時の運」ですませていたのでは、この先もずっと「運の壁」に泣かされてしまう。そこで今一度クロアチアとのＰＫ戦を検証してみたい。

ＰＫ戦は、後攻より先攻の方が有利といわれている。先にリードを奪えば、後攻のキッカーにプレッシャーがかかる、というのがその理由だ。

最初のコイントスの結果、日本人サポーターが多数陣取る側のゴールの使用が決定した。そして2度目のコイントスでキャプテンの吉田は先攻を選んだ。

条件的に見れば、日本が有利だ。ところが1番手の南野が放ったゴール右方向へのシュートはコースが甘く、GKリバコビッチに止められた。2番手の三笘は南野とは逆方向のゴール左を狙ったが、これも読まれていた。

日本は3番手の浅野がやっと決めて1対2。クロアチアの3番手FWマルコ・リヴァヤのシュートはポストに弾かれ、首の皮一枚でつながったが、4番手・吉田の左方向へのシュートはリバコビッチが伸ばした右手に阻まれた。クロアチアの4番手パシャリッチはゴール左隅に蹴り込み、万事休した。

吉田の左方向へのシュートは、東京五輪準々決勝のニュージーランド戦のPK戦で蹴ったコースと同じであり、吉田は「研究されていたかもしれない」と唇を噛んだ。

先にPK戦は後攻より先攻の方が有利、と書いたが、それには「最初のキッカーが決めれば」という条件がつく。失敗すれば前提そのものが崩れる。

欧州では〈ＰＫ戦が『宝くじ』であるという考えは事実上ナンセンス〉（英ザ・テレグラフ）という考えが、今や主流となりつつあるという。キッカーが**自らのスキルを磨いたり、相手ＧＫの特徴を分析したりすることで、成功の確率を上げることができる**というのである。

「勝つ確率を１％でも２％でも上げていきたい」

これも森保の常套句だが、その中には、より綿密なＰＫ戦対策も含まれるべきなのだろう。大会後、本人に直接、質した。

誰が決めるのか？　決める係

――残念ながら、森保ジャパンのベスト８進出をかけた戦いはＰＫ戦に阻まれました。これについては「運だ」という声と、「運のせいにしてはダメだ」という声と２つあります。監督の考えは？

森保　運だと思う半面、もう少し準備できたのではないか……という悔しい思いもあります。２０１０年南アフリカ大会、日本は決勝トーナメント1回戦でパラグアイにＰＫ戦で負けました。そこについては岡田武史さん（元日本代表監督）からも話を聞き、準備も進めてきたんです。練習もよくやりました。しかし、結果が出なかったところを見ると、やっぱり、その部分が薄かったかなと……。決勝トーナメントに上がってからのスペインはピンチキッカーというか、延長戦に入ってＰＫ要員を入れてきたりしていましたからね。今後、その部分については事前に相手ＧＫや相手キッカーの情報をより細かく伝えるなど、もっと綿密な準備が必要になってくると思います。

――監督自身、ＰＫは得意でしたか？

森保　いや弱かった。本当に弱かったんです（苦笑）。

――成功確率は？

森保　多分、５割くらいじゃないでしょうか。狙ったところに強いボールを蹴ることができなかった。だから、**外した選手を責める気は一切ないですね。**

――途中出場の南野は、自分から手をあげて1番手を志願したそうですね。

森保　そうです。男気を出して〝オレが行く！〟と言ってくれた。三笘もそうです。僕も〝自信のある人が蹴った方がいいんじゃないか〟と思っていたので、よく勇気を出してくれたと思います。だから彼らは責められない。

――ベンチで順番を決めるという考えは？

森保　いや、実際には横内さんが順番を決めていました。もう試合の終わり頃にはできていた。〝誰が蹴るか考えておいてください〟と頼んでいたので。もうホワイトボードの磁石にはメンバーの名前が並んでいた。しかし、最後は僕が決断して、これまでやってきたかたちでいこうとなったんです。

――すなわち選手の自主性に任せると？

森保　そうです。でも、今は少し考えが変わってきました。これからは1番手は誰、2番手は誰……と僕が決めることになると思います。南アフリカ大会でのD

Ｆ駒野友一がそうですが、ＰＫを外すと、選手に批判がいってしまう。中には心に大きな傷を負う選手もいるでしょう。しかし、監督が指名したのであれば、仮に失敗したとしても、全て批判は監督に向く。選手に余計なプレッシャーを与えないためにも、その方がいいと今は思っています。

森保は監督の仕事を「決める係」だと端的に言う。ただし、決めた以上は「責任」が伴う。メンバーを**セレクトし、どう使うか、いつ使うか、どこで使うかは、全て監督の専権事項**だ。

しかし唯一、ＰＫ戦に関しては、選手の自主性に委《ゆだ》ねていた。そのやり方だと、失敗した場合、直接、選手に批判が向くことになる。本来、選手の自主性に委ねた時点で、それも含めて監督の責任なのだが、失敗のインパクトは監督の責任が忘れ去られるほどに強い。

それならば、最初から自らが「指名権者」となることで責任のありかを明確にし、全てを受け止めた方が組織的合理性にかなっていると森保は判断したのであろう。ある意味、それは「決める係」の究極のかたちといえるかもしれない。

第二章　つまずいたことのあるリーダーは強い

本社不採用、恵まれないスタートから代表監督に

近年、〝親ガチャ〟という言葉をよく耳にする。典型的なインターネットスラングだ。親ガチャのガチャとはゲームの「ガチャ」に因《ちな》んだもので、要するに親の名声や資金力で子供の人生は左右される――それが、この造語の趣旨である。

昔から〝親の七光り〟という慣用句があるように、確かに親の名声や資金力があれば進学にも就職にも有利に働く。その意味では人生は不平等だ。50メートル競走にたとえるなら、スタートラインより何メートルか前に出てピストルの音を聞いているようなものだ。

しかし、それもまた人生である。少し考え方を変えれば、現状に満足する人生ほど退屈なものもあるまい。

森保一のここまでの道のりは、決して平坦ではなかった。

2023年に入ってからのことだ。国際サッカー歴史統計連盟（IFFHS）が発

表した22年の「ベスト代表チーム監督」の5位に彼の名前があった。

1位はアルゼンチンを36年ぶり3回目のW杯優勝に導いたリオネル・スカローニ、2位は18年ロシア大会を制し、22年カタール大会でチームを決勝に進出させたフランスのディディエ・デシャン、3位はアフリカ勢として初のベスト4進出を果たしたモロッコのワリド・レグラギ、4位は18年大会準優勝、22年大会ベスト4のクロアチア、ズラトコ・ダリッチ。その次が森保である。カタールW杯でドイツとスペインを撃破し、大方の予想を覆して日本をベスト16に導いたことが評価されたのである。

よく知られるように、**森保はJリーグが発足する前、前身の日本サッカーリーグ（JSL）のマツダ（現サンフレッチェ広島）でキャリアをスタートさせた**が、本社採用ではなかった。最初の就職先は子会社のマツダ運輸（現マツダロジスティクス）。そこで森保は車の部品の梱包や荷物運びなどをやっていた。

なぜ本社採用ではなかったのか。当初、マツダ本社の高卒選手の採用枠は6人だった。ところが、直前になってひとり減らされ、最終的に5人になってしまったのだ。

もちろん、高校生の森保にマツダ本社の事情は知る由《よし》もない。

1986年、マツダは採用テストを、夏休みの期間を利用してセカンドチームが合宿を張っていた愛媛県南宇和郡（現愛南町＝御荘町・一本松町・城辺町・西海町・内海村の4町1村が合併）内のグラウンドで行った。

南宇和郡には南宇和高校というサッカーの強豪校があり、地元のサッカー熱も高く、施設も充実していた。同校はこの3年後の89年の全国高校選手権で、四国勢として初の全国優勝を果たすことになる。採用テストの一環として、森保はセカンドチームのメンバーに組み込まれ、その南宇和高校との練習試合にも出場した。

相手の目を見据え、一歩も下がらない

1週間のテストが終わり、最終日の夜、森保は育成部門を担当する高田豊治コーチが待つ部屋に呼ばれた。

しばしの沈黙の後、高田は森保にこう告げた。

「マツダに入っても、試合に出られるかどうかわからんぞ」

思いがけない一言だった。森保は高田の目を見据えたまま畳にひざまずき、手を突いて、こう懇願した。

「それでも僕はチャレンジしたいです」

この時、チームの責任者である総監督の今西和男は、レギュラー組を引率してヘッドコーチのハンス・オフトとともにヨーロッパに遠征していた。

今西が高田に与えたミッションは「6人から5人にしぼってくれ」というもの。つまり、誰かひとりを不採用にしろ、というのだ。それが役割とはいえ、高田にとっては気の進まない任務だった。

振り返って高田は語る。

「選考にあたっては、**特徴と将来性、それに身体能力や体のサイズも判断材料**にしました。森保は体の線が細い、足も速くない、身長も普通と6人の中で飛び抜けたものは何ひとつなかった。強いていえば、ボールを持った時の姿勢がいいかなと。あと、どんな時でも一所懸命頑張る。これは評価に値するものがありました」

それでも、他の5人を上回るだけのスコアを付けることはできなかった。それが

「試合に出られるかどうかわからんぞ」という言葉になって表れたのである。要するに引導を渡したのだ。

普通の高校生なら、それで引き下がる。運がなかったと言って諦める。サッカーをやる場所は、ここだけではないと気持ちを切り換える。

ところが、目の前の高校生は、高田の目を見据えたまま一歩も引き下がらないのだ。それどころか、1%でも可能性があるなら、と一点突破の縦パスを送ってきたのである。これは育成のプロを自任する高田にとっても初めての経験だった。

「この子には、自分の気持ちをしっかり伝える能力がある。メンタルも強い」

そこで高田は今西に願い出た。

「(森保も含めて) できるなら、6人全員を採用してもらいたいのですが……」

「わかった。じゃあマツダ運輸に頼んでみる。あそこの大森社長は(マツダの前身

の）東洋工業でサッカーをしていたからなんとかなるかもしれない」

かくして、急転直下、森保のマツダ運輸入社が決まったのである。採用先こそ子会社だが、能力が認められればマツダ本社に正式採用され、晴れてＪＳＬ１部のマツダでプレーする道が開ける。森保のもとにセカンドベストともいえる通知が届いたのは、新学期が始まって間もなくだった。

思う一念、岩をも通す——。森保の若き日の情熱が高田を動かし、その高田が人事責任者の今西を動かしたのである。

先に述べた〝親ガチャ〟が、上からの社会力学構造なら、**森保は下からの突き上げによって、人事という名の、ある種の権力行使システムを突き崩してみせた**ともいえよう。

高田はこうも語った。

「僕の目を真っすぐに見つめて、視線を外さない。あの瞬間の出来事は、今も鮮明に覚えているんです」

1987年春、森保はサッカーで身を立てることを自らに誓い、長崎の地をあとにした。

意志あるところに道は開ける――。昭和の終わりには、その後の立志伝につながる物語が、わずかではあってもまだ残っていたのだ。

完璧主義の森﨑に寄り添う

森保の人柄については、これまで、ともにプレーしてきた数多くの選手、関係者から話を聞くことがあったが、一度たりとも彼の悪口を聞いたことはない。

たとえばマツダ時代から森保を知る吉田安孝は、こんな逸話を紹介してくれた。

「オフの時、4、5人で酒を飲みながらサッカー談義になった。皆、熱くなり過ぎて口論になった。その時です。一番年下の森保が泣きながら、僕たちにこう言ったんです。〝皆、**チームメイトじゃないですか。ケンカはやめてください。ひとつになりましょう**〟って。彼はそういう男なんです」

不意に少年時代、食い入るように見た竜雷太主演の青春ドラマ『これが青春だ』(日本テレビ系)を思い出した。サッカー部を舞台とするこのドラマにも同じようなシーンがあった。ケンカと涙、対立と友情は青春ドラマの定番だった。1968(昭和43)年生まれの森保も、昭和の残滓《ざんし》を引きずっているのだろうか。

森保の人となりを知る上で、欠かすことのできない人物がいる。サンフレッチェ広島で2000年から16年までプレーした森崎浩司だ。U－23日本代表として04年のアテネ五輪にも出場した。

ポジションは攻撃的MF。二卵性双生児の兄・和幸とともに、長きにわたってサンフレッチェを支えた。

その森崎が目に異変を感じたのは、アテネ五輪が終わった直後である。J2からの昇格争いに五輪の重圧が加わり、睡眠に支障が生じるようになった。

どんな症状だったのか。

「最初はボールが二重に見える、あるいはぼやけて見える、という症状でした。それで眼科で診てもらったのですが、視力検査で左右の視力に少し差があることが指摘された。それでコンタクトを替え、この問題はクリアしたと思ったのですが、しばらくするとまた同じ症状が出てきた。これは視力だけが原因ではないなと……」

ボールが二重に見える、ぼやけて見えるという症状は06、07年のシーズンも続いた。これが影響して、さらに睡眠に支障をきたすようになった。

そこで心療内科を受診すると「オーバートレーニング症候群」という診断が下された。厚生労働省が情報提供する「e－ヘルスネット」によると、オーバートレーニング症候群とは〈スポーツなどによって生じた生理的な疲労が十分に回復しないまま積み重なって引き起こされる慢性疲労状態〉をいう。

この状態に陥ると〈競技成績の低下だけでなく、疲れやすくなる・全身の倦怠感や睡眠障害・食欲不振・体重の減少・集中力の欠如・安静時の心拍数や血圧の上昇・運動後に安静時の血圧に戻る時間が遅くなるなどの症状がみられます〉というのである。

こうした症状は、当時の森﨑に、ほとんどあてはまるものだった。

「睡眠がとれないと疲れが抜けなくなる。最初は睡眠薬を飲んでいたのですが、やっぱり薬に頼ると熟睡は難しい。そうなると朝がだるくなり、徐々に思考力も低下していくんです。そして、もう何もしたくなくなる。顔を洗ったり、普段の生活をすること自体がめんどくさくなってくるんです。要するに鬱《うつ》病と同じような症状に陥ってしまったんです」

森﨑は生真面目な性格で、常に自らのプレーに対しては完璧を求めた。これが災いした。睡眠不足による**思考力の低下が原因で生じたミスであるにもかかわらず、それが許せなくなってきた**のだ。

「僕は元々がミスをしたくないというプレーヤー。完璧にプレーしたい、という強いこだわりがありました。ところが、それができない。パフォーマンスの低下は、自分の中でずっと気になっていました。

そうした病を抱えながらも、なんとか我慢強くやっていた。ところが05年の9月に左足首ひ骨骨折という大ケガを負ってしまったんです。それでも06年のシーズンは頑張れたのですが、07年のシーズンに入って、またしんどくなってきた。良い時もあれば悪い時もある、半年良くても半年悪い、その繰り返しでした」

「朝、一緒に走ってください」

森保とはサンフレッチェで00、01年の2シーズン一緒にプレーしたことがある。18歳の森﨑にとって元日本代表でもある森保は「憧れの的」だった。

「僕にとって森保さんは、子供の頃、テレビで見ていた人。そんな人と一緒にプレーできることが、まずうれしかった。当時の森保さんは、選手としてはもう晩年でしたが、リーダーシップがあり、まわりを動かす力は、ものすごいものがありました。先輩とはいっても、あれこれと命じるのではなく、とても親切にポジショニングのことなどを教えてくれました。プレーについて聞くと〝こうした方がいいよ〟と丁寧に答えてくれる。僕にとっては憧れの人の下でプレーすること自体が大きな喜びでした」

2012年、森保は監督としてサンフレッチェに戻ってきた。ミハイロ・ペトロヴイッチ監督の下でコーチをしていた09年以来、3年ぶりのチーム復帰だった。

「しかし、僕には不安もありました。11年のシーズンが終わる前から体調が良くなく、森保さんの期待に応えられる自信がなかった。そこで正直に、僕の体のことを相談したんです。その頃の僕は**チームメイトと顔を合わせるのも大きなストレス**で、一緒に練習することもできなかった。まわりが自分のことを、どう思っているか。それが気になって仕方なかったんです」

サンフレッチェの練習グラウンドは安芸高田市吉田町にある。選手は朝の8時過ぎにはグラウンドに来ていた。チームメイトと顔を合わせたくない森﨑は7時までにグラウンドに入った。

ある日、森﨑は勇気を振り絞って森保に電話をかけ、こうお願いした。

「朝、一緒に走ってもらえませんか」

普通の監督なら、どう答えるだろう。

「キミの大変さは理解しているが、それは僕の仕事ではない」

せいぜい、この程度だろう。

中には、「僕は全員の選手を見る立場にある。いくら病気だからといっても、キミひとりを特別扱いするわけにはいかない」とピシャリとはねつける者もいるかもしれない。

監督の仕事は、一にも二にもチームを勝たせることだ。選手の精神面をケアするのは別のスタッフの仕事である。昔、ある外国人監督にプレー面での不安を打ち明けたところ、「そんな子供じみた相談に乗っている時間はない」とけんもほろろに断られた、という話をJリーグ草創期の選手から聞いたことがある。彼らにとっては「タイム・イズ・マネー」なのだ。もっともプロの監督として、それが悪いことだとは思わない。

だが森保は違った。

「二つ返事で引き受けてくださり、一緒に走ってもらいました。〝今日は顔色がいいね〟とか〝走りのペースがいいね〟とか言いながら。それも1回や2回じゃないんです。覚えているだけで数十回。森保さんは、いつも練習場を最後に出るような人だった。次の日の練習メニューも考えなくてはいけない。それなのに、また次の朝がくると、僕の側にいてくれる。涙が出るほどありがたく感じられました」

苦しんでいる選手を見捨てない

練習に一緒に付き添っただけではない。森保は森崎からの「僕の主治医に会ってもらえませんか？」という頼みにも応じている。

「僕の言葉だけでは伝え切れない部分があったので、森保さんにお願いしました。この人にだけは自分が置かれた状況を知ってもらいたい、という思いが強かったんです。森保さんは、そこでも主治医の話をしっかりと聞き、僕に対してどうすればいいか、ということを考えていただきました。

この病気にかかった人じゃないとわからないかもしれませんが、**しんどい時って、〝頑張れ〟とか〝期待しているぞ〟と言われると、逆効果になってしまう**ことがあるんです。そんな時、森保さんは〝しんどい自分も好きになってみたら〟と声をかけてくれた。あれは魔法のような言葉でした。あの言葉により、**1回立ち止まり、自分を客観視できるようになった**んです。

というのも、それまでの僕は理想を求め過ぎるあまりにブレーキのかけ方がわからなかった。常に100％を求めていた。これからは80％でもいいんだなと。もっと早くそのことに気づいていればよかった。いずれにしても森保さんの行動や言葉が僕の復帰を後押ししてくれたことは間違いありません」

正確を期するため、当事者の森保にも話を聞いた。

――森﨑浩司選手が鬱状態と聞いた時、どう対応しようと考えましたか？

森保　まずはサッカー選手というよりも、ひとりの人間としてどのように平穏な日々を送ってもらうか、安心の日々を送ってもらうか。そのことを考えました。サッカー選手としてどうするかは、次のアプローチでした。

――森﨑選手から「朝、一緒に走ってもらえませんか？」と言われた時の気持ちは？

森保 それは、かなり病状が改善されてからの話です。それまでの彼は、僕らが想像できないような絶望の中にいたはずです。絶望というよりも闇の世界、もしかすると無の世界だったかもしれない。自分の足だけで立つことのできない世界にいたんじゃないかと思うんです。家族ともコミュニケーションが取れないどころか、寝て起きるということもできなかったわけですから……。

――それくらい重症だったんですか。

森保 そうです。外に出ることもできない状態が続いていました。僕は奥さんと相談しながら、どうすればいいかを考えましたが、とにかくこの病気はわからないことだらけなので、彼を追い込まないことだけは意識しました。何気ない一言で追い込んでしまうと、取り返しがつかないことになりますから……。

――それでなくても監督は激務です。ひとりの選手を救うのは大事だけど、チーム全体の利益を優先すべき、という考えには至りませんでしたか？
森保　全員に同じことができたかどうか、それはわかりません。ただ、目の前に苦しんでいる選手がいる。僕はそれを見捨てることはできなかった。サッカーは**ピッチの中だけでなくピッチの外、プライベートな時間の中でも、たくさんの問題が起きている**んです。僕はその部分に対しても逃げずに対応してきたつもりです。選手にできる限りのことはしてきたつもりです。ただ、どこまでできたかはわかりませんが……。

そんな森保について、森﨑はこう評する。
「選手時代も監督になってからも変わらない人。どんな立場になっても変わらない人。選手ひとりひとりに対し、きちんと向き合い、寄り添ってくれる人。そして最適なアドバイスをしてくれる人。尊敬のレベルを超えた人です」

スッと現れ、すぐ消える背番号17

1992年11月8日、広島広域運動公園陸上競技場。第10回AFCアジアカップ、サウジアラビアとの決勝戦が始まる直前、森保は数人のカメラマンにグラウンドの隅に手招きされた。

「オレたちがつくった威厳のない賞だけど受け取ってくれないか？」

準決勝の中国戦で大会2度目の警告を受けたことにより、この日、森保は試合に出場することができなかった。いったい、何の賞だろうと訝《いぶか》りながらカメラマンに近づくと、唐突に自らの写真付きのオルゴールが手渡された。驚きを隠せない森保の肩を、ひとりのカメラマンが叩いた。

「これはオレたちがおカネを出し合ってつくったプレゼントなんだ。今大会、キミは何ひとつ賞をもらうことができなかったけど、キミが実質上のMVPであることは、オレたちが一番よく知っている。だから、ほんの心尽くしと思って受け取って欲しい」

アジアカップでは1試合ごとにMVPが選出され、FW三浦知良が2度、MFの北澤豪と福田正博、DFの柱谷哲二が、それぞれ1回ずつ栄誉に浴した。森保は、その献身的なプレーがチーム内外から高く評価されはしたものの、一度も賞の対象にはならなかった。

カメラマンたちは、常にボールをファインダーで追う。シャッターを切ろうとしたまさにその瞬間、決まって被写体の背後にスッと「背番号17」が現れ、すぐに消えていく。オフトが口を酸《す》っぱくして言う、「ビハインド・ザ・ボール」を忠実に履行《りこう》した結果だった。また一転、**ピンチに陥りかけた時、あるいは相手がフリーになろうとした瞬間、矢のようにファインダーに飛び込んでくるのも17番**だった。

この「威厳のない賞」の授与を思いついたのが、ベテランカメラマンの今井恭司だった。そのきっかけは、どういうものだったのか。

森保が代表デビューを果たした92年キリンカップのアルゼンチン戦、ウェールズ戦とともに今井はゴールライン後方からカメラを構えていた。しかし、その時は「オフィシャルの仕事」だったため、プレーヤーひとりひとりについてまでは気が回らなかったというのだ。苦笑を浮かべて今井は言う。

「オフィシャルの仕事というのは、結構、大変なんです。昔は置き看板だったので、その看板の前でプレーしている選手の姿をとらえなければならない。要するにスポンサー対応用の写真なんですが、これが結構難しい（笑）。スポンサーからすれば、看板の文字（企業名）が全部入っていて欲しいわけですよ。その前で選手がいいプレーをしている。それがベスト。しかも選手と看板、両方にピントが合っていなければならない。選手中心に撮ると看板の文字が切れるし、看板の前に選手が来るのを待っていると、肝心の写真から迫力がなくなっちゃう。そのバランスを取ることが求められていたんです」

アンオフィシャルとしてプレスパスをぶら下げたアジアカップ、ファインダー越しに映る森保のプレーは新鮮だった。

「初戦のＵＡＥ戦（０対０）も２戦目の北朝鮮戦（１対１）も日本は勝ち切れなかっ

たんですが、森保のプレーは光っていました。とにかく、よく動くし、プレーのジャッジが的確なんです。〝いやぁ、こんなにいい選手がいたのか〟とびっくりしました」

ボールが来る前から考え、決める

今井たちカメラマンには、広島市内に行きつけの店があった。ひと仕事終わると、そこに三々五々集まり、ビールを飲みながら、それぞれが試合の感想を口にするのが常だった。

2戦を終え、勝ち点2の日本が決勝トーナメントに進出するのは難しいように思われた。決勝トーナメントはA組とB組の上位2チームで争われることになっていた。

誰からともなく、弱気な言葉が漏《も》れた。

「オレたちも早く（東京に）帰れそうだなァ……」

すると、誰かが話を引き取った。

「このまま終わっちゃうのも、もったいないなァ。アイツ、せっかく頑張っていたのに……」

アイツ、とは森保のことだった。その場でひとりが2、3000円ずつ出し合い、〝オレたちの賞〟としてオルゴールを贈ることを決めた。皆が写真のポジを持ち寄り、その中から一番いいと思われるものをオルゴールの額に飾った。これが表彰規定にはない「カメラマンが選ぶMVP」である。

いつだったか、この話を森保に向けると「今も広島の自宅のリビングに大切に飾ってあります」と答えた。そして「だいたい、僕の写真ってボールのないものがほとんどなんですが、あれは珍しくボールが（写真に）入っていたんです」とも。オフトが言うところの**「ディシジョン・スピード」の速い森保は、ボールが来る前から、次の一手を考えている。そのためボールと一緒に写った写真が少ない**のだ。何気ない一言に自負心が垣間見えた。

森保からの感想をそのまま伝えると、今井は「まぁ、僕らも曲がりなりにもプロですから」と言って笑い、こう続けた。

「選手が引退する時など、現役時代の写真をプレゼントすることがあるんです。その写真に、ボールが入っているものと入っていないものとでは全然、違うと思うんです。しかも、いい表情をした写真。ええ、そこはちゃんとおさえています」

今井によると、カメラマンがこうした独自の賞を国際大会で活躍した選手に贈ったことは、「それ以来、記憶にない」という。逆にいえば、それくらいアジアカップでの森保のパフォーマンスは、それこそ〝鳥の目、虫の目〟で試合や選手を追うプロのカメラマンからしても衝撃的だったということである。

危ない場面には必ずいる

「森保はとにかく姿勢のいい選手でしたよ。ボールを持っても、スーッと立っていた印象がある。視野が広いのは、そのためでしょう。私も長いことファインダー越しにサッカーを見てきましたが、ああいうタイプの選手が日本にも出てくるとは思っていませんでした」

中盤の底を仕事場とする**ボランチというポジションの重要性が、日本でも指摘され始めた**のは、そう古いことではない。私の記憶では1981年に森孝慈が代表監督に就任し、宮内聡や西村昭宏がメンバー入りしたあたりからである。当時はディフェンシブハーフと呼ばれていた。

森保が代表デビューを果たした頃、宮内に彼のプレーについて感想を求めたことがある。宮内は「中盤のラモス、北澤、福田らが前に飛び出せるのは森保が中盤の底でしっかりと守りを固め、攻撃の起点をつくっているからだ」との見方を披露した。その宮内も撮ってきた今井は、「森保は6番をさらに進化させた」と語る。

「今でいうボランチの選手を、僕らは〝6番の選手〟と呼ぶんです。昔は6番の背番号をつけた選手が、そのポジションにいましたから。

先にアジアカップでの森保を見て驚いた、と言いましたが、長く写真を撮っていると、サッカーの進歩がよくわかるんです。僕がサッカーの写真を撮り始めた頃は、極端にいうと点を取る選手だけおさえておけばよかった。代表的なところでは釜本（邦茂）さんですよ。僕らはよく〝はまる〟と言うんですけど、写真の中にボールがおさまっていないと、〝これは何の競技だろう〟となっちゃう。ラグビーだってそうでしょう。楕円球のボールが写っていないと、何の競技かわからなくなっちゃいますよ。

その点、釜本さんは右45度の角度に来れば、確実にゴールを決めるんです。今ほど高度な分析をしていなかったとはいえ、DFはわかっていても止められない。僕らは、そこに焦点を合わせておけばいい。するとピタッと〝はまる〟んです。だから釜本さんには、いい写真が多いんです。

そこから、今度はボールをつなぐ時代になった。サイドの選手がボールを持ったままトップに上がってくるなんて、昔は考えられなかった。今じゃ当たり前ですけどね。で、森保ですが、本人は〝ボールを持った写真が少ない〟と言っているんでしょう？　いえ、そんなことはありません。彼も僕らから言わせたら〝はまる〟選手ですよ。姿勢がいいから、ちゃんといい位置にボールを置いています。

この表現が妥当かどうかわかりませんが、彼はプレーが軽かった。軽いというのは、悪い意味じゃないんです。危ない場所には、必ずいる。いつの間にか、そこにスッと入ってきている。僕らが後ろから見ていて〝あっ、(相手が)きている。やられる！〟と思ったところに必ず姿を現す。これは**新しいタイプの６番だと思いました。日本にもよくこんな６番が現れたもんだと……**」

オルゴールのプレゼントから31年たった今も、森保と今井の関係は続いている。

77歳になった今井は言う。

「代表監督になってからも、あの人は変わらないですね。海外の遠征先でも世間話に応じてくれるし、僕らがカメラを向けると、必ずこっちを向いてくれます。僕らが贈った〝MVP賞〟を恩に感じてくれているんですかね」

第三章　汚れ役もいとわず、合理的に決める

最初は〝そんなヤツいたっけ？〟

オフトジャパン初陣に向けての浜名湖合宿の初日、監督のハンス・オフトは、日産F.C.横浜マリノスのDF柱谷哲二を監督室に呼んだ。

「キャプテンをやってくれないか」

柱谷は国士舘大学ではキャプテンの経験があったが、日産自動車ではなかった。代表チームで、まさか自分にキャプテンの声がかかるなど、思ってもみなかった。

一瞬、迷ったが、「自分ひとりだけ目立って、格好いいポジションだよな」と思い返し、オフトのオファーを引き受けた。

「実際にやってみたら、とんでもないポジションでしたけど……」

もちろん、森保のことは知らなかった。

「浦和レッズの福田正博が〝オマエ、何て読むの？〟なんて冷やかしていましたけど、僕も〝そんなヤツいたっけ？〟って目で見ていたと思います。

浜名湖キャンプには、森保の他にサンフレッチェからFWの高木琢也、GKの前川和也も招集されていたんですけど、彼らは背も高いし、幅もデカイから、すぐわかるんです。でも森保は**体も大きくないし、目立つヤツでもないから、〝エッ、こんな選手が代表なの？〟というのが正直な思い**でした」

森保は合宿で同学年のDF大嶽直人、最年少のDF石川康と同部屋になった。他は2人部屋だったが、若手の3人だけが同室にされた。

しかし22人のメンバーに入ったからといってベンチ入りが保証されたわけではない。ここから4人が削られ、18人体制でキリンカップに臨むことになっていた。

森保は、自分は外れるものとばかり思っていた。同じポジションには長身の浅野哲也がおり、高い評価を得ていたからだ。メンバー表の欄外に目をやり、自らの名前がないことを確認した森保は、次にサブの欄を見た。ここに名前があれば、待望のベンチ入りを果たすことができる。

ところが、ここにも自分の名前はない。森保は「もしかしたら、オフト監督は僕のことを忘れているんじゃないだろうか？」と本気で心配したという。

森保の背番号は17。なんと、自らの背番号はホワイトボードの中央付近に書き込まれていた。すなわちスタメンということである。

キリンカップ初戦のアルゼンチン戦は1992年5月31日。舞台は東京・国立霞ヶ丘競技場。浜名湖のホテルから港区の東京プリンスホテルに移動すると、部屋割りが替わっていた。森保はキャプテンの柱谷と同室になっていた。ポジションが近いことに加え、**オフトには柱谷と時間を共有させることで、英才教育を施**《ほどこ》**したい、との狙いがあった**ようだ。

柱谷の述懐。

「部屋での最初の印象は〝とにかく真面目そうなヤツだな〟というもの。口数も多くないし、〝そうか、コイツは緊張しているのかな？〟と。それで〝1日くらい寝なくても大丈夫だよ〟と言ったんです。それ以上は何も言わなかったかな。というのも、そこに気をつかうより、僕にはやらないといけないことがたくさんあったからです。

代表選手の待遇の問題を巡って、協会側といろいろな交渉もしていましたから。だから森保のことは〝しっかりしているヤツだから、放っとけばいいか〟という感じでしたよ」

世界の「個の強さ」を思い知る

時はJリーグ誕生前夜である。ラモス瑠偉や三浦知良のようなプロ意識の塊《かたまり》のような選手もいれば、アマチュアの延長でプレーしているような選手もいた。協会もプロの組織と呼ぶには程遠く、選手の要求に応え切れていなかった。

選手側の要求を取りまとめ、協会側と交渉するのが柱谷の仕事だった。

「たとえばチームのマッサー（マッサージ師）。最初はひとりしかいなかったんです。これでは手が回らない。ひとり20分、いや15分がいいところ。これを2人、いや3人にして欲しいと交渉するんです。

それにホテルにリラックスルームがなかった。そこに選手たちが自由に集まり、コーヒーを飲んだりフルーツを食べたりすることはできないものか。あるいはビデオを観ながらコミュニケーションをはかれる部屋はできないのか。もう、そんなお願いばかり。オフトに話しても、〝それはオレの仕事じゃない。協会に言ってくれ〟と。確かにその通りなんですけど、**当時は役割が明確に決まっていなかった。代表キャプテンって、こんなに大変な仕事なのか**……。やってみて初めてわかりましたよ」

かくしてオフトジャパンは初陣を迎える。キャプテンの柱谷はコイントスに勝ち、エンドをとった。

さて、初めて日の丸をつけてピッチに立った森保の胸中は……。

国立霞ヶ丘競技場でプレーすること自体、初めてのことだった。5万人を超える大観衆の中でプレーすることも生れて初めての経験だった。

キックオフの時間はあっという間に近づいてきた。緊張感がぐんぐん高まってくる。体が武者震いした。

いよいよ、選手入場。メインスタンドの下からピッチへと歩き出していく。すると、パッと視界が開け超満員のスタンドが見える。大歓声が聞こえる。血が沸騰し、興奮が頂点に達した。

ピッチの上で整列すると、君が代が流れた。

目を閉じ、聴いた。こんなに心にしみるメロディーだったのかとその時思った。全身に鳥肌が立った。閉じた瞼の裏側に熱いものがこみ上げて来るのがわかった。一気にモチベーションが高まっていく。キックオフ寸前、緊張よりも集中力が上回っていくのを感じた。スタンバイOKという状態だ。もう怖れるものは何もなかった。

（森保一、西岡明彦『ぽいち』フロムワン）

アルゼンチンは90年イタリアW杯の準優勝チーム。そして前年度の南米チャンピオン。クラウディオ・カニーヒアとガブリエル・バティストゥータの2トップは、世界屈指の破壊力を有していた。

アルゼンチンは格下の日本に立ち上がりから容赦なく襲いかかり、シュートが飛ぶたびにヒヤリとさせられた。試合を見守っていた強化委員長の川淵三郎は「キックオフからの5分で3点は取られると思った」というほどの猛攻だった。

この試合、日本の初めてのシュートは森保の左足から生まれた。ポスト右に外れたが、代表デビューとは思えないほどの落ち着きぶりを発揮した。

攻められながらもしぶとく守っていた日本だが、アルゼンチンは一瞬のスキも見逃さない。後半8分、ビジャレアルからの縦パスを、ペナルティーエリア内に侵入していたバティストゥータが右足で突き刺した。0対1。

蛇足だが、日本が初めてW杯に出場した98年フランス大会の初戦でも、日本はバティストゥータに決勝ゴールを決められ、アルゼンチンに0対1で惜敗《せきはい》している。ここ一番で決定的な仕事をするのがストライカーである。監督になって以降、**森保はしつこいほど「個の強さ」を口にする。それを国際試合で最初に実感したのが、キリンカップでのアルゼンチン戦**だった。

「掘り出しもの」森保を先に世界が認めた

善戦虚しくアルゼンチンに0対1で敗れたものの、森保は上々の代表デビューを飾った。

「日本の選手の中で、誰が一番目立ったか？」

当時は、これが日本メディアの試合後のお決まりの質問だった。世界の強国を率いる監督は、日本のサッカーを、そして日本人選手を、どう見ているのか。キリンカップは、それを確認する上で絶好の大会だった。

さらにいえば、キリンカップがFIFA公認の国際Aマッチとなったのは、この大会からだった。92年大会はアルゼンチン代表の他にウェールズ代表も出場した。

先の質問に対し、アルゼンチン代表のアルフィオ・バシーレ監督が真っ先に口にした選手の名前が森保だった。いや、名前だったのか背番号だったのか、その部分の記憶がちょっと曖昧《あいまい》なのだが、会場内に「エッ？」という空気が流れたことはよく覚えている。

名前ではなく背番号を連呼したのは、日本のDF網を何度も切り裂いた技巧のFWカニーヒアだった。

「いやになるほど、17番がいつもいるんだ。スペースが空いたから入り込もうとすると、いつの間にかカバーに入っている。僕にとって一番嫌だったのが、あの17番だよ」

日本のサッカー界が、〝掘り出し物〟くらいにしか思っていなかった才能を、**世界最強国のひとつに数えられるアルゼンチンの監督と、世界に名の知られたストライカーが、先に認めてしまった**のである。

森保はオフトの秘蔵っ子である。先述したように、浜名湖の合宿が始まるまでは、同業者ですら、その男が何者であるか、はっきり認識できていなかった。その〝ミスター無名〟に対する高評価は、必然的にオフトへの信頼性向上につながっていった。

というのも、オランダでユースの巡回コーチをしていた経験があるとはいえ、オフトにクラブを率いていたキャリアはなかった。今のように潤沢《じゅんたく》な強化資金を持たない協会にとって、5000万円という限られた報酬条件の中から選択したオフトというカードの真贋《しんがん》は、実に気になるものだった。

それが森保への高評価と、アルゼンチン戦の善戦で、いよいよはっきりした。指揮官こそ最大の〝拾い物〟だったのだ。その意味で、敗れはしたものの、このアルゼンチン戦は、オフトジャパンにとって最高の船出となったのである。

続くウェールズ戦も、日本は0対1で惜敗した。内容は悪くなかった。愛媛の総合運動公園陸上競技場の芝は雨で濡《ぬ》れ、ピッチコンディションは良くなかった。司令塔のラモスを中心とするパスサッカーを封じられた日本は、ロングボール中心のウェールズの力任せのサッカーにねじ伏せられた。

試合後のミーティングで森保は「この代表チームで貴重な経験ができてうれしい」と自らを取り立ててくれたオフトや、一緒に戦ったチームメイトに感謝の思いを述べた。一方で、2試合とも出場の機会を与えられなかった2学年上の福田は「自分を試合に使わないのなら、今後、代表に呼ばないで欲しい」と言い放った。

森保は、その言葉に衝撃を受ける。〈代表とはプライドを秘めた男たちの戦う場所なんだということを強烈に思い知らされた〉（同前）というのだ。

森保一、23歳の夏である。

目立とうとせずダーティーワークに徹する強さ

キリンカップで披露した森保の質の高いプレーについては、バシーレ、カニーヒアから指摘されるまでもなかった。

「いやぁ、もうびっくりしました」

キャプテンの柱谷は、森保と一緒にプレーすることで、改めて彼の有能ぶりを実感したという。

「コイツが**センターバックの前にいると、こんなに楽なんだと井原としみじみ話した**ことを覚えています。部屋で森保に対しては、ボランチはこんな感じでやって欲しいと簡単な話はしていました。相手を潰《つぶ》しにいく時、マークの受け渡しでスライドする時、あるいはトップへのパスコースを消す時。それを森保は完璧にやり遂《と》げましたね。

要は、彼のプレーはシンプルなんです。相手を潰す、セカンドボールを回収する、それをシンプルにさばく。オフトに言われたことを、そのままやっているだけなんですが、それによって僕や井原の仕事は、ものすごく楽になった。センターバックが楽できるということは、それだけボランチがきいているということでしょう。オフトがいうダーティーワークですよ。

もっといえば、彼には欲がない。サッカー選手の中には、ここで格好いいパスを出そうとか思うヤツもいるのですが、森保にはそれがない。一切、目立とうとせず、しっかり守備をやってくれるので、チームのリズムが良くなっていくんです。僕らは本当に助かりました。ただ、ひとりだけ（森保について）ボロクソ言っている選手がいましたけど（笑）」

それは司令塔のラモスだった。読売クラブで〝天皇〟とまで呼ばれたラモスは、パスを小刻みにつなぎ、中央から崩す〝ブラジル流〟(当時)に対するこだわりが強かった。実際、そのやり方は読売クラブで成功を収めており、読売クラブ勢が多数を占める代表チームでも、ブラジル流のサッカーを展開すべき、というのがラモスの考えだった。それは次のコメントが余すことなく示している。

ここ3、4年で日本サッカーのレベル、本当に上がったよ。この間の遠征でも、みんなが、日本、強くなったって言ってくれてる。それ聞くの嬉しい。オーストリアとやったときも0対1で負けたけど、これ、俺たちのミスで負けた。ホームだったら勝てたよ。でも、相手チームの選手が、日本、アジアNO・1だよって。ジンときたよ。ブラジルだって、イタリアだって、みんな、日本が強くなったことで、びっくりしてた。本当に嬉しいね。これ、俺の考えだけど、**日本がブラジルのサッカーになったからだ**と思う。今までずっと、ドイツのサッカーを、日本はやってきた。でもこれはダメだよ。体力が違う。身体の大きさが違う。絶対に勝てないよ。それよりブラジルみたいに、頭使って、ボールのつながりをうまくして……。南米スタイルなら勝てるよ。このこと、違うという人がいるかもしれないけど、今の日本のサッカー、強いチームはどこ？　読売とニッサンでしょ。南米のスタイル。これが証明してるよ。ところが、今の日本代表監督のオフト、それ、わかってない。彼のやろうとしてること、間違ってないかもしれない。でもワールドカップの予選は来年なんだ。オフトのやること、2、3年はかかる。間に合わない。オランダ人のオフトは、オランダのスタイルにしたい。でも、俺が思うに、それは日本人に合わないし、今の日本代表にも合わない。みんなやる気なくしかけてる。俺も、このままじゃ、日本代表、やめるよ。日本はもっと有名な監督を雇うべきだよ。できれば南米の。そうすれば、相手のチームもビビるよ。日本の選手も納得してプレイできる。オフトは無名すぎるよ。俺、日本のためにはっきり言うよ。

(Gainer　1992年10月号)

目立たなくてもいい、犠牲になってもいい

横山謙三の後に監督に就任したのがオフトである。当初、ラモスとオフトは〝犬猿の仲〟だった。浜名湖の合宿で、２人は早くも衝突する。

「私は横山さんが大好きで、正直言って監督を続けてもらいたかった。しかし、次はプロの監督で、ということで協会がオフトを選んだ。合宿で、すぐ私はオフトの部屋に呼ばれた。そして、こう言われました。〝代表はひとりや2人のためのチームじゃない。組織で戦わなければ勝てないし、W杯にも行けないよ〟と。おそらく私やカズのことを言いたかったんでしょう。でも、私はあまり気にしていなかった。

不満があったとすれば、練習中に指笛をピューピュー吹いてゲームを止めること。フリーズゲームになっちゃう。誰かがドリブルで仕掛けようとすると、笛を吹いてゲームを止める。いや、そこはサイドチェンジだと。私とは攻撃に関する考え方が違っていた。選手たちに向かってすぐに指笛を吹くから、私はオフトに向かって〝オレはオマエの犬じゃないんだ！〟と言った。オフトは日本語がわからないから、最初はキ

ヨトンとしていた。通訳に〝アイツは何と言った?〟。〝はい、オマエの犬じゃないと言っています!〟。そこ通訳するところか! もう、コノヤローだよ(笑)。それで余計に関係がおかしくなってしまった」

森保については、ラモスも他の選手同様、名前すら知らなかった。

「マツダで風間八宏と一緒にやっているヤツだな、という程度です。体は小さいけれど、よく動き回る。読売の北澤豪みたいだな、という印象を持っていましたよ」

ところが、合宿での練習マッチを通じて、ラモスは森保の「賢さ」に気づく。

「ボールへの**アプローチが速くて、相手との距離の取り方が抜群にうまい。コイツ、天才じゃないか**と思いましたよ」

天才、とは褒《ほ》め過ぎという気もするが、どこが際立っていたのか。

「最初のうちは同じポジションに浅野哲也がいた。彼はサイドチェンジがうまいし、背が高いからヘディングで競《せ》ることもできる。森保はそういうタイプじゃないから、大丈夫かなと思っていましたよ。

でも、やらせてみたら何でもできる。自分が**犠牲になってもいい、目立たなくてもいいという考えの持ち主**だから、どんな汚れ役でも引き受けてくれる。そして（中盤の）後ろからチームを支えてくれる。当時のオフトジャパンは4－4－2で、中盤をダイヤモンドにしていたけど、森保が自分の判断で（中盤を）コントロールしていたからね。私もサッカーを長くやってきたけど、こんな賢い選手が日本にいるのか、とびっくりした。そこは、さすがオフトだと感心しましたよ」

オフトとの対立も程なくして解消した。2人の間に入ったのはキャプテンの柱谷哲二だった。

「最初の頃、ラモスさんはオフトに対してグチばっかり言っていましたよ。僕のところに来ては〝なんだよ、あれ!?〟〝あれじゃ勝てないな〟と、もうボロクソ。それでアジアカップの前だったかな。せっかくチームが出来上がりつつあるのに、このままごちゃごちゃされたらたまらん、と思い、腹を決めてラモスさんの部屋に乗り込みましたよ。もちろん1対1。腹を決めて、と言ったけど、トイレに出たり入ったりしていたから、内心はビビッていたかもしれない（笑）。

僕が言ったのは、〝僕はオフトについていく。ラモスさん、ぐちゃぐちゃ言うんだったら、やめてくれ。（文句があるんだったら）そこはオフトと2人でやってくれ。決めるのはラモスさんだから〟と……。

ラモスさんの顔？　もうキョトンとしてましたね。〝オマエ何言ってるの？〟という感じ。僕は言うだけ言って、さっと部屋から逃げ出した。もう、それ以上言うことはありませんから……」

監督と主力選手の対立は、組織に深刻な禍根《かこん》を残す。対立はやがて派閥を生み、抜き差しならない事態を引き起こすこともある。立ち位置ひとつ間違えると、自らに火の粉が降りかかりかねない。柱谷はそれを承知の上で〝火中の栗〟を拾ったのだ。

知られざる若き日の森保一、ファイター伝説

さて、この時、森保はどうしていたか。

再び柱谷。

「森保はオフトの指示に忠実でしたね。オフトの〝サイドに出せ！〟という指示を守っていました。でも、真ん中を見るとラモスさんがフリーなんです。ヴェルディだったら、誰だって、そこに出す。ラモスさんが〝**オレにくれ！**〟**とアピールしても、森保は10番を無視**する。そりゃラモスさんはおもしろくないでしょう。〝オレ、フリーなんだよ。なんで、ここにいるの？　じゃあ、オレいらないじゃん!?〟となる。でも森保は動じない。

それを見た時、〝コイツは芯の強い男だな〟と思いました。おそらくオフトはそこも見抜いていたんでしょうね。彼のメンタルの強さを。10番のいいなりにならないだろうと。メンタルが強くないと、当時あのポジションは務まらなかったでしょう」

ラモスによると、オフトと和解したのは92年7月のオランダ遠征だったという。オフトジャパンはチームの底上げをはかるため、オフトの母国で強化合宿を行った。そこでチームの方向性について話し合い、全てわだかまりが解けた。オフトが親しみを込めて「ルイ」と呼ぶようになったのは、その頃からである。

しかし、オフトジャパンにとって、このオランダ遠征は、いいことばかりではなかった。チームになくてはならない存在となっていた森保が、トゥエンテ（オランダリーグ1部）との試合で悪質なファウルを受け、ふくらはぎに裂傷を負ってしまったのだ。

「森保はボールへのアプローチが速い。球際では負けないぞ、と気持ちを込めてボールに足を入れたら、上から踏み潰されたの。スパイクでガッと。血がバァーッと吹き出てきて、皆で抱えながらホテルまで連れて帰ったよ。

一番怒ったのはドクターの武井経憲《つねのり》さん。あの人、英語が話せるから〝オマエ、謝れ！〟って相手のシャツを摑《つか》んで抗議した。その後、ホテルで武井さんが消毒して20針ほど縫った。あれでばい菌でも入っていたら大変なことになっていたよ。

で、森保に〝ゆっくり休め〟と声をかけると、3日後の試合に〝出ます！〟って。〝オマエ、バカか！〟って怒ってやったよ。〝でもオマエ、本当に根性あるな〟。そういう男よ、森保って」

森保一、若き日の知られざるファイター伝説である。

「打倒・国見」の夢かなわず

さて、森保一という人物を理解するには、2人の指導者について知る必要がある。ひとりはサンフレッチェ広島で実質的なゼネラル・マネジャー（GM）職にあった今西和男、もうひとりが、これまでにも書いてきた外国人初の日本代表監督ハンス・オフトである。

森保は1968年8月23日、静岡県掛川市で生まれた。父・洋記は造船関係の仕事をしていた。静岡といえばサッカーどころだが、サッカーを始めたのは長崎市立深堀小学校に転校してからである。小学5年の時だった。

1980年の夏には東京・よみうりランドで行われた第4回全日本少年サッカー大会に、長崎県代表として出場している。ポジションはGK。

長崎もサッカーどころだが、進んだ深堀中学校にサッカー部はなく、ハンドボール部に入部した。しかし、**サッカーへの思いは募《つの》る一方で、父親の協力もあり、授業が終わった後には隣町の中学に出向き、サッカー部の練習に参加していた**という。

やがて深堀中学にもサッカー部が誕生し、2年の終わり頃には、県大会に出場できるほどにレベルアップしていた。指導にあたったのは九州リーグに所属する三菱重工サッカー部の元選手だった。足の速い森保はＦＷ、ＭＦなどで活躍した。

さて、どこの高校に進学するか。当時、長崎県下で最も強かったのは、ＯＢの小嶺忠敏が監督を務める島原商業高校だった。

１９８３年度まで島原商を指導していた小嶺は、新学期から国見高校に転任することが決まっていた。当然、県下のサッカー少年は国見を目指す。森保少年も、そのひとりだった。

父・洋記から話を聞いたのは、今からちょうど30年前のことだ。

「口にこそ出しませんでしたが、息子は国見に行きたくて仕方がなかったんじゃないでしょうか……」

そして、続けた。

「息子は長崎県下では、まあまあの選手だったんですが、サッカーの盛んな島原市内には、あのくらいの実力の子は、たくさんいました。しばらくして小嶺さんにお会いした時、〝先生が直接声をかけてくれていれば、ウチの子も国見に行っていたと思います〟と言ったんですけど、その頃は、どうしても欲しい選手じゃなかったんでしょう。小嶺さんは（森保の実家のある）深堀を素通りされて、香焼町《こうやぎまち》まで選手を取りに行かれましたよ」

結局、森保は長崎日本大学高校に進学する。中学時代、指導を受けた三菱重工サッカー部の元選手が、同校の出身だったからだ。特待生扱いで入学した。

長崎日大高に進学してからの森保の目標は必然的に「打倒・国見」である。しかし、名将・小嶺率いる国見の壁は厚く、３年間で一度も勝つことができなかった。

高校時代、**森保が経験した唯一の全国大会は高校３年時の山梨国体**である。しかし

16人のメンバーのうち、国見以外は森保と島原商の選手だけ。ベンチに座っているだけで出場機会には恵まれなかった。

いつだったか、国見について聞くと、本人はこう答えた。

「とにかく国見に対しては、悔しいという思いしかありません。なにしろ国見の選手たちは、しょっちゅうインターハイや冬の高校選手権などひのき舞台で活躍しているというのに、こっちは全くそういう機会がない。正直にいえば、悔しい半面、羨《うらや》ましいという気持ちもありました」

そして、こんな裏話も。

「2年の頃、実は一度だけ部活をやめたことがあるんです。苦しい練習を、いくらやったところで、所詮、国見には勝てない。そう思うと、やる気がなくなってきた。国見に対して〝このやろう！〟という気はあっても、勝てないんじゃ話になりませんからね。

それで友だちとつるんではバイクを乗り回していました。国見に勝てない悔しさをオートバイでまぎらわせるという日々が、しばらく続きました。

元々遊ぶことは嫌いじゃなかった。高校に入る時も、髪の毛を赤茶色に染めていたため注意され、全部バリカンでそられてしまったこともあった（笑）。

結局、監督に謝って、部には1週間で戻りました。そこからはサッカー一筋。そんな高校時代でした。

高校3年の時、国体で長崎県代表に選ばれたとはいっても、試合には一回も出られず、僕ともうひとりの選手はボールを蹴って遊んでいただけ。合宿ではなく分宿だったため、夜はカラオケを歌いまくっていました。オレたちは試合に出なくていいから気楽だよなぁ、なんて言いながら。本当は出たかったんですけどね」

――大学に進む気はなかったのか？

「全国大会の実績がないので、実業団はおろか、大学からも誘いがなかった。なぜ日本サッカーリーグ（ＪＳＬ）のチームのテストを受けたかというと、国見の選手は全国大会で活躍しているから、ほとんどがサッカーの強豪大学にスカウトされていく。

そして4年後、鳴り物入りでJSLのチームに入ってくる。彼らに勝つには、**最初からJSLのチームに入り、4年間みっちり自分を鍛え上げる**しかない。ここでいったん逆転しておかないと、また彼らの後を追うことになってしまう。それだけは絶対に避けたかった。

僕は小学校の卒業文集の『将来の夢』という欄に〝サッカーの日本代表選手になること〟と書いていた。そのために、勝手に国見の選手たちをライバルにさせてもらった。こっちには発奮材料が必要だったんです」

速くない、強くない、うまくない

大学からもJSLのチームからも誘いがなく、途方に暮れた森保は長崎日大監督の下田規貴に、「どこか紹介してくれませんか？」と願い出る。下田が頼ったのが、以前から懇意にしていたマツダ監督（当時）の今西だった。

森保が高校3年の春、長崎日大のグラウンドに今西がやってきた。傍らにはマツダのコーチを務めていたハンス・オフト(87年から監督)もいた。

初めて森保のプレーを見た時の今西の印象は「速くない、強くない、うまくない」というものだった。肯定的な材料はほぼ皆無だった。

ただ、今西にはひとつ目を奪われるものがあった。それは**森保が下を向かず、常に前を向いてプレーしている**ことだった。

振り返って今西は語る。

「これはグラウンドの関係もあったと思うんです。ヨーロッパはどこも芝生だが、当時の日本のグラウンドは、ほとんどがクレー(土)だった。クレーだと、ボールが不規則にはねることが多く、どうしても下ばかり見てしまう。これでは周囲を見渡せる、視野の広い選手は出てきません。

ところが森保はクレーのグラウンドであるにもかかわらず、常に前を向いてプレーしていた。だから状況が変わっても、瞬時に対応することができた。まずはボールを止める技術、そして周囲を見て展開できる技術。これが彼には備わっていたんです。

そのことをオフトに告げると、〝ミスターイマニシ、確かにその通りだ！〟と。〝あの子はボールを持った時の姿勢がいい。顔が上がっていて、ルック・アラウンド。何という子なんだ？〟と。そこからオフトは森保に興味を持ち始めたんです」

晴れてマツダの採用候補生となった森保は、先述したようにその年の夏、愛媛県南宇和郡で行われた採用テストに臨む。高卒選手の採用枠は直前になって6人から5人に減らされ、危うく森保が貧乏クジを引きそうになった。

ところが森保は育成担当の高田豊治に「それでも僕はチャレンジしたいです」と懇願し、その熱意に押された高田が、採用責任者の今西に働きかけ、今西の尽力によって子会社のマツダ運輸に採用されることになった。この経緯は、第二章で述べた。

今西がマツダの本社勤務からサッカー部の副部長に就任したのが1981年、チームを指揮するようになったのは1984年からである。

マツダの前身である東洋工業は日本リーグで5回、天皇杯で3回の優勝を誇る名門だが、当時は低迷期にあり、チームも83年に2部落ちしていた。1部復帰を果たすため、今西は監督就任と同時にオフトをコーチに招聘《しょうへい》した。

その理由について、今西はこう語っていた。

「チームの強化には、プロの指導者が欠かせないと思っていました。ところが当時、サッカーでメシをくっている指導者といったら外国人しかいなかった。そこで当時、協会におられた平木隆三さんに相談したところ〝オフトなら日本に来る可能性があるよ〟とアドバイスされた。私もオフトなら適任だということで白羽の矢を立てたわけです」

オフトは1947年6月27日、オランダのロッテルダムに生まれた。自著『日本サッカーの挑戦』（徳増浩司訳・講談社）によると、母親はオランダ人、父親は西インド諸島のスリナム生まれの軍人で、1929年にオランダに移住してきたという。オフトは5人兄妹の末っ子だ。

8歳の頃からデ・ムッションというローカルクラブでプレーし、17歳で名門フェイエノールトと契約し、プロのユースチームに入った。28歳の若さで引退したのは靭帯《じんたい》を痛め、ドクターストップがかかったためだ。

勉強熱心なオフトは**24歳の頃からコーチングの勉強を始め、5年かけてオランダサッカー協会のA級ライセンスを取得**している。引退後はオランダ協会でユースサッカーの育成プログラムを担当していた。

1979年、勝沢要（当時清水東高監督）が日本高校選抜チームを率いてオランダにやってきた。それを機に日本高校選抜チームを指導するようになり、やがてヤマハ発動機監督（当時）の杉山隆一と知り合う。82年と83年の夏には、ヤマハの選手たちを直接指導するため、家族連れで来日する。

今西から電話が入ったのは、オランダに帰国してから5週間後のことだった。翌年からマツダを指導して欲しい、という依頼を受けてのものだった。

責任と権限を明確にする

今西の回想——。

「最初にオフトが言ったのは、〝お互いの責任と権限を明確にしよう〟ということです。要するにグラウンドの外のことは任せるが、グラウンドの中でのことには一切、口出しして欲しくないと。そのかわりグラウンドの外のこと、家庭のこと、サッカーを取り巻く環境、マスコミ対応、仕事……これらは全て私に任せると。

コーチ就任当初、**オフトが一番頭を痛めていたのは選手の自立心、つまりインディペンデンス**です。オフトがいろいろとアドバイスしても、選手ははっきりとものを言わない。そこで〝イマニシ、自立心のある選手に育つように教育してくれないか〟と。まだサッカーがアマチュアの時代、選手の精神面のレベルは、その程度だったんです」

総監督の今西とヘッドコーチのオフト、責任と権限を明確にするところから2人の関係は始まり、徐々に深まっていた。

「オフト自身、自分の役割と限界は理解していたと思います。あくまでも自分自身がチームから要求されているのはサッカーであり、それ以外はインポッシブルだと。やはり言葉の問題がありますからね。

私自身、オフトの指導法には大変期待していました。東京教育大のサッカー部員の中に、同級生や後輩がいたのですが、ヤマハでのトレーニング法を見て、〝やはり日本とは違う〟と。私自身も実際にオフトのやり方を見て、〝彼がウチに来てくれれば、チームが変わるだろうなァ〟という期待感がありました。

その頃のウチはＪＳＬで、厳しい立場にありました。たとえば金田喜稔《のぶとし》（広島県工－中大－日産自動車）、木村和司（広島県工－明大－日産自動車・横浜マリノス）など、広島で育った選手が皆、中央のチームに取られてしまっていたんです。待遇面を比べた時、ウチより2倍から3倍は良かったのですから仕方ありません。

そうしたハンディを補うためには、地域のレベルを上げるしかない。小中学生を指導するサッカースクールをたくさんつくり、選手層を厚くしていく。スクールができれば指導者として雇用の受け皿にもなる。そんな計画を打ち明けたら小沢さんという会社の幹部が理解を示し、応援してくれるようになりました。

もちろん、そのことはオフトにも話しました。オフトはオランダでコーチング・プログラムの作成にも携《たずさ》わっていた経験があるので、私の計画には非常に前向きでした。同時にやり甲斐も感じているようでした。オランダではできないことがやれるかもしれない、と……」

——オランダではできない、とは?

「ある時、オフトは言いました。〝ミスター・イマニシ、オランダには有色人種に対する根強い差別がある〟と。〝黒人の血が入っている自分は、ある程度のところまでは行けるけれど、それ以上、上には行けないんだ〟とも。

オフトいわく、自分はオランダ代表のBチームに入ったことがあるというんです。ただしAチームには絶対に上がれなかったと。当時、Aチームにいたのがヨハン・クライフで、それはうまかったと言っていました。

黒人の自分は、どんなに頑張ってもAチームには入れない。だったら次は指導者だと考えたそうですが、(黒人の)自分を指導者にするクラブはなかった、とも言っていましたね。といって、別に弱音を吐いているわけじゃないんですよ。しみじみと語る。それが当時のオランダの現実だったんでしょうね」

日本代表をW杯に出場させる

川淵三郎がオフトに興味を持つに至ったきっかけは、82年のヤマハ発動機の天皇杯優勝である。釜本邦茂と並ぶメキシコ五輪銅メダルの立役者である**杉山隆一監督の補佐役として、天皇杯優勝に加え、チームの1部昇格に貢献**した。

そこで、当時、ヤマハ発動機の助監督をしていた小長谷《こながや》喜久男とマツダの監督をしていた今西和男に「オフトってどういう男だ？」と電話で探りを入れると、そろって「指導者としては立派だし、給料もそう高くない」という答えが返ってきた。

91年9月、川淵はヨーロッパを視察旅行した際、オランダにも寄り、オフトがマネージング・ディレクターを務めるユトレヒトにも足を運んだ。そこで川淵は1時間半もオフトと話し込んだ。

「彼は日本のサッカーのことをよく知っているし、指導者としての能力も高い。それにユトレヒトのマネジャーもしていたから、チームづくりについてもよく知っていた。これはもうやってもらうしかないと……」

しかし、話はそのままトントン拍子には進まなかった。協会会長の長沼健と副会長の岡野俊一郎に「次は外国人監督でいきたい」と打ち明けたところ、「それは難しい」と拒絶されたのだ。

川淵は続けた。

「岡野さんが言うには通訳が問題だと。〝僕がデットマール・クラマーの通訳をしていた時、言っていいことと悪いことは、自分が判断して伝えていた〟というんだね。つまり能力がある通訳がいなきゃダメだと……」

協会内での意思統一に手間取り、川淵はいったん間を置こうとする。その時、オフトから国際電話が入った。

「あの話はどうなったんだ。ヨソからもオファーが来ているぞ」

92年初頭、川淵は再び長沼と岡野にかけ合う。

「どうしてもオフトが欲しい。オフトをとってくれなきゃ、日本代表は強くなりません」

協会の2トップにも弱みがあった。川淵に強化委員長を依頼する際、「オマエの言うことは何でも聞くから引き受けてくれ」と泣きついた経緯があったからだ。もしオフト案が否決されたら「約束が違うじゃないですか」と席を立ち、辞任しようとまで川淵は考えていた。それくらいの荒療治を施さなければ、W杯出場など、夢のまた夢だとの危機意識が川淵にはあった。

協会がオフトとかわした契約は1年、契約金は3000万円だった。

1992年3月17日、オフトは家族とともに来日した。その足でJリーグ事務局を経由し、記者会見場にあてられた協会本部のある岸記念体育館に向かった。

サッカーでは異例の200人近い報道陣を前に、オフトは「また日本へ戻ってくることができて光栄です。日本のサッカー選手には潜在能力があります。必ずいいチームができると思います」とスピーチした。

オフトは**日本に滞在する3週間で10近い試合を見た。その中にはマツダの試合もあり、後に〝オフトの秘蔵っ子〟と呼ばれる森保一**もいた。

いったんオランダに戻り、5月8日、再び成田空港に降り立ったオフトは、記者会見でこう語った。

「目標は日本代表チームをW杯に出場させることです。私はただそのためだけに、日本代表の監督を引き受けました」

W杯とは、2年後に迫った94年米国大会である。当時、アジアに与えられた出場枠は2つ。1次予選は翌93年4月スタートのスケジュールが組まれていた。

森保の選出はサプライズだった

サプライズは無名の森保の選出だった。サッカー関係者の中にも、森保の名前の読み方はもちろん、ポジションさえわからない者もいた。無名のMFを選んだ理由について、後にオフトはこう語っている。

マツダ時代の森保は、中盤でゲームの流れを読むことができ、守備、攻撃時のサポートがうまいファンクショナル（機能的）な選手だった。フィジカルがまだまだで、シャイで若かったこともあってプレーで主張することはあまりなかったが、「こうした方がいい」と教えると短期間で修正でき、成長を感じた。私が指導していた頃は途中出場が多かったが、年齢、能力、可能性を考えると将来はマツダの貴重な財産になると感じていた。

92年3月に私が日本代表監督に就任した時、マツダ時代から気になっていた選手の一人だったので、代表選手としてリストアップした。代表発表までに3〜4週間かけて当時、日本リーグの多くの試合を観戦したが、森保の成長を確認できたときは指導者冥利《みょうり》に尽きると感じた。物静かな性格だが、守備、攻撃を規律正しくオーガナイズし、積極的にサポートプレーができる。機能的でNO．6のポジション（今でいうアンカーのような位置）が任せられると思ったので選出した。その通り、日本代表で3、4試合やっただけで、彼がピッチ上で攻守のリーダーであることは、みんなが理解した。

（スポニチアネックス　2022年3月25日配信）

代表メンバーの初顔合わせは5月25日、浜名湖のホテルに21人が集まった（読売クラブと契約交渉を行っていたラモスは遅れて参加）。合宿はホテル近くの浜名郡雄踏町の雄踏総合公園グラウンドで張った。

ここでも話題の中心は森保だった。名前は「モリ・ヤスカズ」か「モリ・ホイチ」か、はたまた「モリホ・ハジメ」か。同学年の北澤豪からは、「ところでキミ、ポジションはどこ？」と真顔で聞かれた。いつの間にか「ポイチ」というニックネームが定着した。

実は**森保にとって、このニックネームは実業団に入ってからのもの**だった。

自著『ぽいち　森保一自伝』（森保一、西岡明彦、青志社）に次のような記述がある。

試合会場の電光掲示板には「森 保一」と表示されたり、ゴールを決めても、「ただいまの得点は森（モリ）」とアナウンスされたり、とにかく、当時の僕は、「森保 一」ではなく、「森 保一」と呼ばれることが多かったのだ。試合後、その同期生に「またお前、森って呼ばれとったのー」、「森保 一（モリヤス・ハジメ）じゃなくて、森 保一（モリ・ポイチ）やね」とよく冷やかされていたのである。

森保のことを知らないのは、選手ばかりではなかった。オフトの下でコーチをやることになった清雲栄純も、森保については名前を聞いたことがあるくらいで、詳しくは知らなかった。

「実際、プレーを見たことはありませんでした。ただし今西さんからプレースタイルや人となりについては聞いていたので、ある程度の予備知識はありました」

色のついていない、コンパクトなサッカー

さて肝心の森保は、初めての代表選出を、どう受け止めていたのだろう。

本人は語る。

「代表入りの話をチームの河内勝幸コーチから聞いた時には冗談かと思いました。思わず、〝冗談はともかく、本当の用件は何ですか?〟と聞き返してしまったくらいですから」

オフトが初めて森保のプレーを見たのは長崎日大高時代、マツダに入った森保を下部チームのマツダサッカークラブ東洋からトップチームに引き上げたのもオフトだった。

今西と並ぶ〝恩師〟であるオフトとの良縁について、森保はこう述べている。

それまで東洋での試合にすら出場できていなかった僕が、たまたま出場した試合を、たまたまオフト監督が観に来ていて、評価してくれたのだ。《たまたま》

ついでに言えば、ポジションが固定されていなかった僕が、たまたまその試合では守備的MFのポジションで起用されていたのだ。

幾つかの《たまたま》が重なり、トップチームへの昇格、そして社会人1年目の夏のヨーロッパ遠征へとつながっていった。あの日、オフト監督が試合を観に来なければ、あの日、僕が守備的MFとして出場していなければ……幾つかの偶然を指折り数えながら、運命的なものに感謝しつつ、何度もそう思ったものだった。

（前出『ぽいち』）

オフトの指導法は、きわめてシンプルだった。キイワードを駆使して説明するため、ジャーナリストたちにも概《おおむ》ね好評だった。

たとえば**「アイコンタクト」**、**要は目と目で互いの意思を確認しようということで**ある。「トライアングル」は常に3人が三角形を保ったポジションを取るように動くこと、「コーチング」とは選手同士が互いに指示を出すこと、「サポートアングル」とは、ボールを持った選手へのサポートを的確な距離と角度で行うこと、である。

オフトが口を酸っぱくして言っていた言葉の中に、「ターン」というものがあった。前を向いたり、方向を変えたりするために体を転換させるサッカーの基本技術である。今なら少年時代に身につけておくべき技術だ。

中盤の底を仕事場とする森保に前を向きやすくさせるため、オフトは最終ラインの選手たちにこの指示を徹底させた。森保が**ボールを持った時、相手が近くにいなければ「ターン」、近くにいれば「リターン」**である。それを森保に最も近い選手が伝えるのだ。

しかし言うは易《やす》し、行うは難《かた》し。オフトジャパンの同僚・都並敏史の自著から引く。

> 森保はその指示に従って、ただ機械的に動いているだけでよかった。テクニックが他のプレーヤーに対して劣る分、森保は的確に、しかも素早くボールをフィードした。それこそがオフトの狙いでもあった。コンパクト過ぎるくらいコンパ

クトなサッカーをオフトは追求し、そのキイパーソンに色のついていない森保を指名したのである。

笑い話がある。ある選手が「リターン」と言うべきところを間違えて「ターン」と言ってしまい、振り向いた森保は、真正面から相手にぶつかってしまった。それくらい、自分の仕事に精一杯だったのである。

しかし、オレたちは誰も森保を笑う気にはなれなかった。森保より少しはうまいとはいえ、当時の日本代表の中で、世界レベルへ出ていってもラクラクと前を向けるMFはラモスくらいしかいなかった。それが現実だったのである。

（都並敏史『日本代表に捧ぐ』ザ・マサダ）

メンタルに乱れがないから、決断が速い

それでもマツダで6年間、オフトの下でプレーしてきた森保にはアドバンテージがあった。「アイコンタクト」「トライアングル」「スモール・フィールド」といったキ

イワードはマツダ時代から耳にタコができるほど聞いていたからだ。

キイワードの中で「ビハインド・ザ・ボール」という言葉を森保は常に肝に銘じていた。中盤から前の選手がボールを保持した時、自らは常に彼らをサポートできる態勢を、あらかじめとっておく。そうすることでパスコースがひとつ増える。それがオフトが要求する守備的MFに対する重要な仕事であり、森保に対し一貫して要求し続けた任務でもあった。

周囲が驚くようなテクニックを持っていたわけではない。他の選手に比べ、フィジカルが格段に強かったわけでもない。にもかかわらずオフトが森保に惚れ込んだのは「スピードがあったからでしょう」と清雲は言う。

「ただしスピードといっても、単に身体的な速さではないんです。オフトが言っていた言葉にシンキング・スピード、ディシジョン・スピードというものがあります。要するに考えるスピード、決断するスピードが速いということですが、森保のスタイルは日本の選手の中ではオフトが求めているものに一番近かった。

そのためにはメンタルが強く、また安定していなければなりません。オフトはよくソーバー・ライフという言葉も使っていましたね。要するに穏やかな日常生活を送っているということだと思うんです。森保をずっと観察していて、メンタルに乱れがない原因を突き止めたのでしょう。

また、そういう生活を送っているから、コミュニケーション能力も高くなっていったんだと思うんです。彼は**きちんと話を聞き、また自分の考えもしっかり相手に伝える**ことができる。その時の表情がとても穏やかで、しっかり相手の目を見て話しているんです。最初こそ無名でしたが、誰もが一目置く存在になるのに時間はかからなかったですね」

オフトはキイワードを駆使する言語的テクニックとともに、もうひとつ、指導者には欠かせないレッスンスキルを身につけていた。それは指示の可視化である。選手たちを前に、実際に自らがボールを蹴ってみせるのだ。あるいはポジショニングを示してみせるのだ。これをやられると、選手たちはぐうの音も出ない。

もっとも、ただテクニックに秀《ひい》でただけのコーチなら、星の数ほどいる。止まったボールを蹴らせれば、現役の選手よりうまいコーチを、私は何人も知っている。

話は横道にそれるが、プロ野球の世界に、現役時代、名手と呼ばれた内野手がいた。引退後、現役時代の腕を見込まれ内野守備コーチとして数球団を渡り歩いたが、彼のもとで2軍から一人前に育った選手は片手にも満たなかった。

そのコーチの指導法を見ていて、何となく選手が育たない理由がわかる気がした。実演は見事なものだが、そこに言葉がないのだ。軽いフットワークで打球を手際よくさばいた後で、そのコーチは半人前の選手たちを見下すように、こう吐き捨てるのだ。

「なんで、こんな簡単なことができないんだ」

いや、簡単なことができないからレギュラーポジションを摑めないのだが、現役時代に「天才」と呼ばれたそのコーチは、できない理由がわからないらしい。

いっそのこと、「こんな下手くそな選手を取ってきたスカウトが悪い」と採用責任の所在をフロントに求めた方が、まだ筋は通っているのだが、さすがに、そこまでの勇気はない。かくして、選手に不満の矛先《ほこさき》が向けられるのだった。

翻《ひるがえ》ってオフトは、**難解なことを咀嚼《そしゃく》してシンプルに伝えられる言語スキルと、それを可視化できる技能スキル**を有していた。おそらくそれはフェイエノールトのコーチ時代にマスターしたものだったのだろう。

思い出すのは連合艦隊司令長官・山本五十六の次の言葉である。

「やってみせ、言って聞かせて、させてみせ、ほめてやらねば、人は動かじ」

W杯出場など夢のまた夢、半人前だった日本のサッカーを一人前にする上で、オフトが用いたのが、この手法だった。

この人についていくしかない

さて、オフトはどれだけの名手だったのか。森保は、それを高校時代に目の当たりにしている。

「下田先生が今西さんに手紙を書き、オフトさんが高校のグラウンドに来てくれたことは知っていました。具体的に、ああしろ、こうしろと指導されたことはないのですが、キックひとつとっても無茶苦茶うまいんです。

覚えているのは20メートルくらいの距離でしょうか。ペナルティーエリアより、もうちょっと遠いくらいのところに、オフトさんはボールをポンと置いた。それをゴールに向かって蹴るのですが、予告通りバーに当てるんです。ほとんど外したことがない。〝この人、なんでこんなにうまいんだろう〟とびっくりしました。それがオフトさんに対する最初の印象ですね」

心的外傷を「トラウマ」と呼ぶ。一度、心に負った傷を癒《いや》すのは容易ではない。こんな言葉があるのかどうか知らないが、**オフトが初対面の森保少年の心に植えつけたのは〝逆トラウマ〟**である。この人はすごい、この人に教わりたい、この人に自分を高めてもらいたい——。オフトと森保の師弟関係は、森保の若き日の憧憬体験を抜きにして、うまく説明することができないのだ。

言うまでもなくオフトにとって最大にして唯一のノルマは、94年夏に開催される米国W杯の出場権を得ることだった。

当時、アジアの出場枠は2つ。90年イタリア大会は韓国（2大会連続3回目）とUAE（初出場）が出場していた。

日本にとって最大の難敵は韓国である。オフトが代表監督に就任するまで、日本は8年間も勝利から見放されていた。最後に勝ったのは1984年9月30日の日韓定期戦。85年10月26日、日本はメキシコW杯をかけたアジア予選に敗れると、そこから7連敗と暗いトンネルに迷い込む。そのうちの最後の3連敗は前任の横山監督時代のもの。91年のキリンカップを制した横山ジャパンも、韓国には全く歯が立たなかった。

92年夏、中国・北京で開催される第2回ダイナスティカップ（現EAFF E－1サッカー選手権）を迎えるにあたり、オフトは「東アジアの強豪とどこまで戦えるか」を念頭に置いてチームづくりを進めた。参加国はホスト国の中国、北朝鮮、韓国、そして日本。代表の歩留まりを測る上で指標にしたのが韓国だった。

8月22日、初戦の相手は韓国。オフトはフィジカルに勝る韓国に対し、〈できるだけ体の接触を避けて、ボールを素早く移動させる必要がある〉(ハンス・オフト『日本サッカーの挑戦』徳増浩司訳、講談社)と考え、〈相手のエネルギーを空回りさせる〉指示を選手たちに与えた。

この試合のオフトジャパンのフォーメーションは3－3－2－2。森保は**中盤の底で、身を粉にして働き、スコアレスドローに貢献**した。

フル出場を果たした森保は、この時の韓国の印象について、こう語っている。

意外だったのは、韓国が日本を非常に警戒していたこと。それに加え、フィジカル面で定評のある韓国の4、5人の選手たちが後半になって脚がつり始めたのである。終盤になると日本ペースで試合は進み、僕自身、点を取られるような気は全くしなかった。この韓国戦が自信になったのは言うまでもない。(前出『ぽいち』)

好事魔多し――。初の韓国戦で手応えを掴んだ森保だが、翌日の練習で足首を捻挫するというアクシデントに見舞われ、残り試合は欠場を余儀なくされる。

決勝の相手は再び韓国。オフトは試合前のミーティングで、いつものようにチームとしての約束事を確認、続いて相手チームを子細に分析し、個々にタスクを与えた。

森保が驚いたのは、ミーティングの最後の局面で飛ばしたオフトの檄だった。


オフト監督は手に持っていた韓国代表のメンバー表をおもむろに破り捨て、「こんなものは関係ない。あとはお前たちが自分たちのサッカーをやるだけだ」と激しく檄を飛ばしたのである。オフト監督がこういったパフォーマンスじみたことを行ったのは後にも先にもこれ一度だけだった。（前出『ぽいち』）

韓国との決勝は2対2のままPK戦にもつれ込み、日本に凱歌があがった。韓国に対しては8年ぶりの勝利（リザルトは引き分け）。海外で行われた国際大会で、日本は初めて優勝カップを掲げてみせたのである。

修羅場で披露したオフトのパフォーマンス。不意に頭に浮かんだのがカタールW杯でのコスタリカ戦だ。森保はハーフタイム、ロッカールームに戻ってきた選手たちに対し、「もう一個！　相手、死に物狂いで来てるぞ球際！」「足、しっかり出していく。球際負けんな！」と檄を飛ばしたのだ。

その部分だけ切り取られてテレビで流された森保は、「別に怒っていたわけじゃないですよ」と言って苦笑を浮かべていたが、思っていた以上に周囲の反響は大きかったようだ。

指導者が最も影響を受けるのは、書物や講義ではない。自分が師事した指導者の立ち居振る舞いである。対戦相手のメンバー表を破り捨てるといった**大向こう受けを狙ったパフォーマンスこそしない**ものの、モチベーションを喚起する際の森保の言動には、オフトイズムが色濃く残っている。

第四章　森保一と栗山英樹

「思いきっていってこい！」

２０２３年３月21日（日本時間22日）、日本列島は歓喜に包まれた。野球の国・地域別対抗戦ワールド・ベースボール・クラシック（ＷＢＣ）で、日本代表（侍ジャパン）が３大会ぶり３回目の優勝を果たしたのだ。

この優勝により、リーダーとしての評価を一気に高めたのが監督の栗山英樹である。今や彼への評価は、青天井状態といっても過言ではない。大会前、メジャーリーグで揺るぎない地位を築いていたダルビッシュ有（パドレス）と大谷翔平（エンゼルス）の代表招集に成功し、試合においては、ことごとく采配を的中させた。

ここで２つばかり、印象に残る采配をあげたい。

大会を通じて、最も追い込まれたのは準決勝のメキシコ戦である。スコアは４対５。９回先頭の大谷は右中間に２ベースを放つと、塁上で「カモン！」と大声を発して日本ベンチを鼓舞した。「オレに続け！」と言わんばかりに。

４番の吉田正尚（レッドソックス）が四球でつなぎ、無死一、二塁。一塁に歩く際、吉田はネクストバッターズサークルの村上宗隆（東京ヤクルト）を向き、「オマエが決めろ！」と指さした。

ＷＢＣで快音の消えていた村上は、この試合まで打率２割３分５厘と極度のスランプに喘《あえ》いでいた。この日も不振で、この打席まで空振り三振、見逃し三振、空振り三振、三塁ファウルフライと４打席ノーヒット。定石なら犠牲バントである。村上に代打を送り、その打者にバントをさせるという手もあった。おそらく**指揮官の手の中には、いくつかの選択肢があった**はずだ。

ところが栗山の指示は強攻策。「思いきっていってこい！」。栗山の言葉を、打席に向かう村上に伝えたコーチの城石憲之は、帰国後、舞台裏をこう明かした。

「最初、ムネの顔を見たら〝何しにきたんだ〟みたいな顔をされて。〝バントか？代打か？〟と。それで監督の言葉を伝えたら、ムネにスイッチが入った。あの表情は一生忘れない」

この采配について、栗山はこう明かした。

「〝これは勝負するんだ!〟という、神様の声ではないんですけど〝村上勝負〟なんだという方向性はしっかりありました。彼の野球に対する姿勢も素晴らしい。たとえば、3三振してベンチで僕の前に座ったときに、ちょっと落ち込むじゃないですか、人間って。でも、**すぐ座った瞬間に打席に入っているバッターに声が出せるんですよ。**〝さぁ、行くぞっ!〟と。その姿に僕は感動した。3冠王のバッターですよ。自分のことより、それができるこの選手は絶対に打てるって思わせてくれました」

栗山の一言で迷いの消えた村上は、メキシコのクローザーが投じた1-1からの3球目をセンター後方に弾き返し、2人のランナーをホームに迎え入れた。絵に描いたような逆転サヨナラ勝ちで、日本は難関を突破したのである。

勝ち負けより大局観を持つ

栗山は日本ハムの監督時代、背番号80を付けていた。この「80」という番号は、栗山が師と仰ぐ三原脩《おさむ》が、ヤクルトアトムズの監督時代に背負っていたものだ。因縁めくが三原は日本ハムの初代球団社長も務めている。

ローカル球団の西鉄で3連覇を達成、6年連続最下位の大洋を初めて日本一に導いた三原といえば、合理的な采配と時宜《じぎ》を得た選手起用で「魔術師」の異名をほしいままにした球界きっての知将である。

「何より人の心理を読むことに長《た》けていた」

かつて、私にそう語ったのは三原の片腕的存在だったマネジャーの藤本哲男である。三原魔術を語る上で欠かすことのできないエピソードがある。1958年、西鉄は3連覇をかけて水原茂率いる巨人と日本シリーズを戦った。

西鉄は敵地・後楽園で2連敗。あまりの歯ごたえのなさに、巨人監督の水原は「今年のシリーズはもらったよ」とほくそ笑んだ。

それを聞いた西鉄の選手たちは、東京から福岡へ帰る夜行列車の中で「よし、ひとつは勝とう」と言って酒盛りを始めた。

連敗したといっても、まだ王手をかけられたわけではない。普通の監督なら「地元でぶざまな試合は見せられない」と選手たちをたしなめている場面だ。

しかし三原は違った。

藤本の回想。

「選手たちの気持ちを硬くしちゃいかんと思ったんでしょうね。三原さんは何も言わずにその様子を見つめていましたよ。途中で車掌に〝スミマセン、もうお酒がなくなりました〞と言われたくらいだから、いったいどのくらい飲んだんでしょう」

また西鉄黄金期、大車輪の活躍をしたエースの稲尾和久は三原について、こう述べている。これは言ってみれば、魔術の種明かしだ。


三原監督は何事も強制せず、最終決定は選手にゆだねるという形を取った。しかし、この選手任せがくせ者で、実はいつも選択の余地をなくすような布石を打ってある。そうして自分の意に沿う方向に引っ張り込む。選手は自分の選んだ道だと思っているから、同じことをやるにも気持ちの乗りが違ってくる、という次第。

（稲尾和久『神様、仏様、稲尾様』日本経済新聞社）

――三原さんのどういうところが好きか？

かつて私の質問に栗山は、こう答えた。

「三原さんは、こんなことを言っておられる。娘婿の中西太さんは監督の時、初回にバントを多用した。それを見て〝コイツはプロ野球の監督はできん〟と。

大局観というんでしょうか、三原さんにはそれがあった。目先の試合に**勝つことも大事だけど、それ以上にプロ野球にとって大切なもの**は何か。それはお客さんを喜ばせることだろうと。三原さんには、プロ野球全体のことが見えていたんじゃないでしょうか」

ＷＢＣ全７試合を通じて、不振の村上を一度もスタメンから外さなかった栗山だが、重圧を取り除くため、５戦目の準々決勝・イタリア戦から打順を４番から５番に下げた。結果的には、この親心が吉と出た。

優勝後、栗山は村上に語りかけた。

「宿題を持ったまま終わる。今回出たメジャーリーガーを超えるために、一番になるために宿題があった方が人間前に進めるからね」

それに村上は、こう応じた。

「(次のWBCでは)全試合4番を任されるようになりたいです」

選手を傷つけない、恥をさらさない、という指導方針

印象に残った2つ目の采配が、決勝の米国戦の終盤に実現させたダルビッシュ↓大谷の〝ドリームリレー〟である。このリレーについて聞かれた栗山は、「後ろにいけばいくほどプレッシャーがかかる。最後は、あの2人しか越えられないかな」と決勝戦直前に立てたプランだったことを明かした。

8回、3対1の局面で栗山は中5日(現地時間)でダルビッシュをマウンドに送っ

た。９回には大谷がスタンバイしている。相撲にたとえるなら、ダルビッシュの役割は大谷の〝露払い〟ということになる。３試合目の登板は36歳には酷である。**日米通算１８８勝でチーム最年長のダルビッシュが、〝露払い〟役を引き受けたこ**と自体、栗山とダルビッシュの絆《きずな》の強さを物語るものだった。

代表監督に就任するなり、栗山は渡米し、ダルビッシュに「一生に一回でいいから、メンバー表にダルビッシュと名前を書かせてくれ」と代表入りを迫った。野球選手にとって、これ以上、胸に響く口説き文句は他にあるまい。

それを受けるかたちで、ダルビッシュはこう語った。

「(栗山監督は）基本的に人を傷つけるとか、恥をさらすようなことを言わない。そこはすごく難しい。そういう方は日本の指導者ではなかなかいないので、すごみを感じる」

ダルビッシュは北海道日本ハムで7年間プレーしたが、２０１２年に海を渡ったため、同年から同球団で指揮を執り始めた栗山とは〝入れ違い〟になっていた。そのギャップを埋めるには、誠意ある言葉が必要だったのだ。

その栗山の思いに応えるかのように、ダルビッシュは大会前の宮崎合宿に初日から参加し、しばしば食事会を開いた。投手会ばかりではなく、野手会にも顔を出した。またグラウンドでは、自ら積極的に話しかけ、変化球の握り方などを後輩たちに伝授した。そこにスポーツの世界にありがちな上下関係は見られなかった。

ダルビッシュを中心にまとまりつつあるチームを評して、栗山は「ダルビッシュジャパン」と呼んだ。栗山が望んでいた役割を、ダルビッシュは率先して実行したのだ。

指揮官が「ダルビッシュジャパン」と呼んだことに、私は少なからず驚きを覚えた。というのも、**日本において代表チームは、ジャパンの前に監督の名前を冠することが常態化していた**からである。

スポーツ界全体を見渡せば、代表ブームの先駆けは、1992年に結成されたサッカーのオフトジャパンである。目標にしていた94年米国W杯出場こそ果たせなかったものの、93年に開幕したJリーグ人気とも相まって大ブームを巻き起こした。米国行きの夢が潰《つい》えた〝ドーハの悲劇〟の視聴率は、深夜にもかかわらず50％近くを記録した。

とはいえ、代表の老舗《しにせ》であるサッカーも、昔からナショナルチーム＝代表だったわけではない。古くは「全日本」だった。68年メキシコ五輪銅メダルメンバーの松本育夫の著書『燃えてみないか、今を！』（ぱるす出版）に、こんな記述がある。〈釜本（邦茂）の実力は既に全日本クラスであった〉。今なら「代表クラス」と書くだろう。

オフトジャパンから森保ジャパンへ

では、いつから「全日本」は「代表」に衣替えしたのか。88年、代表監督に就任した横山謙三は、後にJリーグブームの火付け役となるラモス瑠偉や三浦知良を初めてナショナルチームに招集した指揮官として知られるが、この頃は「代表」と「全日本」の表記が混在していた。サッカーが「全日本」と決別し、「代表」に統一されたのは、私が知る限りではオランダ人のオフトが監督になってからだ。

「そのサッカーの影響が大きかったと思います」。そう語るのは、バレーボール女子日本代表監督の眞鍋政義だ。２０２１年10月、２度目の代表監督に就いた。日本バレーボール協会は18年まで「全日本女子」を正式な名称に定めていたが、19年から「女子日本代表」に変更した。それにより、前回とは肩書きも変わった。

「最初は違和感がありましたよ。バレーボールはずっと全日本でやってきましたから……」

ラグビーも、その昔は「全日本」だった。68年6月3日、ニュージーランドのウェリントンでオールブラックス・ジュニアを撃破したナショナルチームの一員である堀越慈は、その試合の始終を自著『だから、ラグビー　素晴らしき男たちの世界』（集英社）に綴《つづ》っている。改めて読み返すと、書き出しは〈私たち全日本は〉である。やがて、ファンの間では「ジャパン」という呼称が定着し、それはラグビーの唯一性の象徴のようにも感じられ、個人的には好きだった。

もちろん正式な名称ではなく、あくまでも呼称だが、オフトジャパン以降、サッカーの代表チームはずっとこのスタイルが続いている。（ロベルト）ファルカンジャパン、加茂（周）ジャパン、岡田（武史）ジャパン、（フィリップ）トルシエジャパン、ジーコジャパン、（イビチャ）オシムジャパン、ザックジャパン（アルベルト・ザッケローニ）、（ハビエル）アギーレジャパン、ハリルジャパン（ヴァイッド・ハリルホジッチ）、西野（朗）ジャパン、そして森保ジャパン――。

野球も右へ倣《なら》えだ。04年3月に脳梗塞で倒れ、本番で指揮は執れなかったものの、オールプロで臨んだ04年アテネ五輪日本代表は長嶋（茂雄）ジャパンと呼ばれた。

第1回WBCは06年3月に行われた。海のものとも山のものともわからない大会の先行きを危ぶむ声が多い中、WBC日本代表初代監督に就任した王貞治は「いろいろ問題はあるが、まずスタートを切らなければ何も始まらない」と明言し、ここからチームづくりが始まった。チームの**中心は当時、マリナーズで活躍していたイチローだったが、呼称は当然のことながら王ジャパン**だった。

バレーボール女子日本代表は現在、眞鍋（政義）ジャパン、ラグビー日本代表はジエイミー（ジョセフ）ジャパンである。

このように代表チームには、チームを率いる指揮官の名前が刻まれるのが通例である。宴席でいえば上座だ。そこを栗山は、いともあっさりとダルビッシュに明け渡し、空いている席に移動したようなものだ。

権威主義的な思想に染まった監督からは、およそ、このような発想は生まれてこないだろう。それは森保についても同様のことがいえる。国民に「共闘をお願いします」と訴えることはあっても、自ら好んで「森保ジャパン」と口にすることはない。

布石を打ったら、あとは辛抱強く待つ

ＷＢＣ決勝に話を戻そう。先にダルビッシュから大谷への継投を、ドリームリレーと述べたが、決して急ごしらえの策ではなかった。準々決勝から準決勝、決勝とトーナメントの急斜面をのぼる過程で、彼らの力が必要なことはわかっていた。

蛇足だが、富士山で頂上までの八丁（約８７２メートル）を胸突き八丁と呼ぶ。登

頂できるかどうかの文字通りの正念場だ。さぁ、いざ胸突き八丁に差しかかるという段になって、しかし栗山は「あえて僕の方から一切アプローチはしなかった」。それは「最後はこの2人でいけないのかな」というイメージを、自らも含めた3人で共有し、さらには、その景色の解像度を高める時間が必要だったからだろう。

「彼らが勝ちたいと思った時に、何かアプローチしてくれると思っていた……」

ひとりでイメージを膨《ふく》らませ、**勝手に突っ走ったところで、振り向くと誰も付いてきていない**ようでは話にならない。栗山は時が満ちるのを「選択の余地をなくすような布石」を次々に打ちながら辛抱強く待った。その神がかり的な采配は「魔術」の域に達していた。

3対2の9回、球場のレフト側に設置されたブルペンからマウンドに向かう大谷のユニホームとズボンは泥だらけだった。

その姿を見ていた村上は「夢のようなシーンだった」と振り返った。一心不乱にボールを追いかけるリトルリーグの少年の姿に重なったのかもしれない。昔の自分も、またそうだったように。

9回2死、むかえたバッターはメジャーリーグで3度のMVPに輝くエンゼルスの同僚マイク・トラウト。岩手・花巻東高校時代、〝人生設計シート〟に「27歳WBC日本代表MVP」(出場時は28歳)と書いた大谷にとっては、やっと訪れた夢のような瞬間だったに違いない。

フルカウント。大谷が最後に選択したのはスイープと呼ばれる曲がり幅の大きなスライダーだった。まるでブーメランのように約43センチのホームベースを内から外に横切った。フルスイングで迎え撃ったトラウトだったが、かすりもしなかった。次の瞬間、大谷は自らの手でグラブを放り投げ、帽子もぶん投げて喜びを爆発させた。

「間違いなく、今までの中でベストの瞬間だと思います」と大谷。いったい、誰がこんな劇的な結末を予測し得ただろう。敗れた米国のマーク・デローサ監督は「(2人の対戦は)夢のような場面だった。本当に、誰かが書いた台本のようだった」と語った。

決勝前のロッカールームで大谷は選手たちに、こう語りかけた。

「僕からは一個だけ。憧れるのを、やめましょう。ファーストに（ポール・）ゴールドシュミットがいたり、センターを見ればマイク・トラウトがいるし、外野にはムーキー・ベッツがいたり、野球をやっていたら誰しも聞いたことがあるような選手たちがいると思う。憧れてしまっては、超えられないので。僕らは**今日超えるために、トップになるために来た**ので。今日一日だけは彼らへの憧れを捨てて、勝つことだけを考えていきましょう。さぁ行こう！」

決勝で、栗山は7人による継投策を披露したが、大谷とダルビッシュを除く5人が国内でプレーする投手たち。その、ほとんどが若手だ。彼らがメジャーリーグを代表する強打者たちに臆せず立ち向かうことができたのは、「憧れてしまっては超えられない」という大谷の一言が効いたからだろう。

チームでただひとり外国（米国）籍を持つラーズ・ヌートバー（カージナルス）は、母親が日本人であることで代表入りの資格を得た。チームメイトから〝たっちゃん〟

の愛称で親しまれたヌートバーは初戦の中国戦で、先頭打者ヒットを記録した。しかも、初球。この前向きな姿勢がチームに勢いを与えた。

胴上げで10回も宙を舞い、マイアミの夜空をながめた栗山監督は、優勝インタビューで「選手たちが本当にうれしそうな顔をしていた。それがうれしかった」と真っ先に選手たちへの思いを口にした。選手を前面に押し出し、自らは黒子に徹する――。野球の監督を米国では「フィールド・マネジャー」と呼ぶが、栗山は名称の意味を誰よりも深く理解していた。最優秀監督賞があれば、それは彼のものだった。

上下ではなくフラットな関係を指す「監督係」

森保と栗山には共通点が多い。それを整理すると、次の3つになる。

まず、ひとつ目。2人とも監督という仕事を、**あくまでもチームの中の役割のひとつととらえ、自らは、もっぱらマネジメントに専念していること。**

森保は、自らの仕事を「監督係」という。謙遜《けんそん》して言っているのではないことは、次の発言からも窺《うかが》える。

「チームとして目標を定め、結果を求めて進んでいく中で、監督だから偉いとか偉くなるとか、そういうことはあまり大事ではない。コーチを含めたスタッフ、選手全員がスペシャリストである以上、それぞれが自分たちの特性や強みを発揮し、チームのために何ができるか、を考えながら全力を尽くす。コーチの役割としては、（第一次政権においては）オープンプレーは横内さん、セットプレーの攻撃は上野（優作）さん、守備は齊藤（俊秀）さん、GKは下田（崇）さん……と、それぞれの責任者を決めていた。僕自身が中心となってチームとしての戦い方や指導方針を共有しつつ、コーチやスタッフには、各々が良さを発揮できる環境をつくっていくこと。それが監督の仕事だと考えています」

監督と選手は「上司」と「部下」ではなく、あくまでもフラットな関係だと森保は考えている。そこに役割の違いはあれど、貴賤《きせん》や序列はないのだと。

監督係と聞いて、腰を抜かしそうになった指導者もいるのではないか。会社でも

「係長」の肩書きは「部長」や「課長」より下で、ビジネスの世界では名刺に「係長」とあると軽んじられるのが常だ。

スポーツの世界において、「監督」という肩書きの響きは絶大である。南海ホークスとヤクルトスワローズでリーグ優勝5回、日本一3回を達成した野村克也は「男と生まれてなってみたいものは、オーケストラの指揮者と連合艦隊の司令長官、それとプロ野球の監督」とまで語っている。

スワローズでの現役時代のラストシーズンを野村の下でプレーした栗山の監督観も、森保とほとんど一緒である。

日本ハムの監督時代、彼はこう語った。

「僕は監督なんて偉くも何ともないと思っています。僕の中での監督は、あくまでも〝決める係〟です。皆の意見を聞いて、誰かが最後は決めなきゃいけない。それを担っているだけです」

もし、コーチと意見が分かれてしまった場合は、どうするのか。

「僕に決定権があるからといって、知らん顔で強引に〝こうします〟とは言えません。説明しても納得してもらえない時は、〝本当にごめん。頼むからやらせてくれ〟とお願いするしかないですね」

監督がコーチにお願いする、というのも妙な話だが、**自らが信頼しているコーチの意見を覆すには、そうでもするより他にないということ**なのだろう。

コーチには、それぞれ考えかたがあり、コーチを任命したのは他でもない私です。

ならば、彼らを信頼して任せるべきでしょう。私がやるべきなのは口を出すことではなく、コーチの話をしっかりと聞き入れ、それでいいのかどうかを判断することなのです。

コーチ陣にはいつも、「僕より野球をよく知っているから、ここで仕事をしてもらっているのだよ」と伝えています。自分を卑下しているわけではなく、彼らを持ち上げているわけでもなく、客観的な事実としてそう考えています。コーチの意見を聞くことに、ためらいはありません。

だからといって、コーチに任せきりにしません。最終的な判断を下し、その裏付けとして勉強を重ねます。ただ、取り入れた知識をそのまま自分のものにするのではなく、「こういう考え方もある」というレベルでとどめておきます。

(栗山英樹『栗山ノート』光文社)

果たして監督はチームという「機関」の一部なのか、それとも主権者なのか。2人の考え方は共通して、どうやら前者のようだ。

前任者に意見を聞けるリーダーは少ない

2つ目の共通点は歴史観である。森保は戦後29代目の、サッカー日本代表監督である。対する栗山は公開競技ながら金メダルを獲得した84年ロサンゼルス五輪代表の松永怜一を初代とすると、14代目の代表監督にあたる。

ここでいう歴史観とは何か。彼らは長い競技の歴史の中に、自らの使命を見出そうとする。サッカーならサッカー、野球なら野球が歩んできた、これまでの道のりを一本の線に見立て、その線上に自らを置く。さらに、この**歩みを豊かなものにする上で、小さな点に過ぎない自分には何ができるか**。彼らは、自らへの問いかけをやめない。

18年7月、代表監督に就任した森保がまず手を付けたのは「過去の振り返り」だった。

「日本は22年カタール大会まで6回、W杯に出場しています。98年フランス大会の監督が岡田武史さん、02年日韓大会がフィリップ・トルシエさん、06年ドイツ大会がジーコさん、10年南アフリカ大会が再び岡田さん。14年ブラジル大会がアルベルト・ザッケローニさん、18年ロシア大会が西野朗さん。この時、僕はコーチでした。

僕は継続性のことを〝積み上げ〟と言うんですけど、こうした積み上げがあって今がある。日本のサッカーの歴史が継承されていく。僕は過去から受けたバトンを、いいかたちにして未来につなげていかないといけない。そのことはずっと考えていました。

たとえば、僕がよく口にする〝良い守備から良い攻撃に〟という言葉は、まさに南アフリカ大会で岡田さんがやられていたことです。W杯前は4-2-3-1というシステムの中、失点する時はサイドを崩されていた。そこからロングボールを入れられ、何度か試合を落としていた。せっかく、そういうデータがあるのなら、それをいかさない手はない。いや、いかすべきだろうと考えていました」

森保は節目の試合前に、何度か岡田にアドバイスを求めている。岡田は「これまでオレに意見を求めにきた代表監督は彼が初めて」と語っていた。

代表監督とは、まさに〝一国一城の主〟である。森保は「監督係」と言うが、世間一般の認識としては「係長」どころか「社長」である。社長に就任した以上、**前任の社長にアドバイスを求めるわけにはいかない**、と普通の社長なら考える。中には周囲の目を気にするあまり、無理に社長らしく振る舞おうとする者もいるだろう。

だが、「監督係」を自任する森保には、ポストに対する執着がない。ある先輩が、何かの席で森保に対し、「日本代表監督を、もう〝ポイチ〟とは呼べないな。今日からは監督と呼ぶよ」と居住まいを正して言ったところ、当人は素知らぬ顔で「今まで通りでいいですよ」と答えたという。

森保が岡田に「堰《せき》を切ったように長い文面」を送ってきたのは21年10月、カタールW杯アジア予選でホームのオーストラリア戦に勝利した直後だった。

岡田は語っている。

相当に苦しかったんだと思ったよ。森保はきっと最大のヤマ場だと踏んでいたに違いなかったし、その大勝負に勝ったということ。彼自身もチームもあの試合を経てガッと成長したなと感じた。だから次のオーストラリア戦、簡単じゃないとは思うけどそれほど心配していないんだよ。

（Ｎｕｍｂｅｒ　Ｗｅｂ　２０２２年３月29日配信）

森保からのメールに岡田は、〈ポイチ、心配するな。お前のことを信じているヤツいるから。味方がいるから〉(同前)と返信した。

苦境に立たされている人間にとって**「味方がいるから」という言葉ほど、勇気づけられるもの**はない。100のアドバイスより、激励の一言である。

コメントはいつも「I」より「WE」

日本代表は、カタールW杯アジア最終予選で苦戦を強いられていた。

21年9月2日、初戦のオマーン戦(ホーム)で0対1とまさかの黒星発進。10月7日(現地時間)の3戦目、アウェーでのサウジアラビア戦も0対1で落とした。3戦を消化した時点で1勝2敗、手にした勝ち点はわずかに3。この時点で日本はグループBの3位だった。

カタールへの出場切符は各グループ2枚。3位で終了した場合、プレーオフに回らなければならなくなる。そんな苦境下、もし4戦目のホームでのオーストラリア戦でも勝ち点3を取れなかった場合、解任は避けられなかっただろう。

森保は動いた。4－2－3－1から4－3－3にシステムを変更したのだ。中盤のアンカーに遠藤を起用し、インサイドハーフに守田とMF田中碧を並べた。田中に至ってはW杯予選初出場だった。

この大胆な起用が図に当たった。前半8分、田中は左からのクロスをゴール前でトラップし、右足を振り抜いた。シュートは左サイドネットを揺らし、日本が先制。後半25分にオーストラリアに追いつかれたものの、終了間際、相手のオウンゴールで勝ち越した。最終スコアは2対1。

システム変更を決断したのは、森保によると「（3戦目の）サウジアラビア戦に敗れてから」だった。オーストラリア戦後に行われたオンライン会見で、森保はシステム変更の理由を、こう明かした。

「南アフリカ大会で岡田さんは4－3－3を採用しています。実はそれをイメージしていました。岡田さんは守備の時に4－3－3から4－5－1になるようにして、サイドのスペースをケアしていました。私もアジアや世界で勝っていくためにはそこ（サイドのスペースのケア）を考えていた。攻守にわたり連係、連動し、サイドをケアする岡田さんのシステムを参考にしました」

さらに森保は続けた。

「岡田さんからの**メールで、戦術的な中盤の突き方やサイドのケアの仕方を（ホームの）オーストラリア戦後にアドバイス**していただきました」

南アフリカ大会での岡田ジャパンのシステムを参考にした森保ジャパンは、ここから4－3－3にシステムを移行し、格下のベトナム、オマーン、中国を相手に4連勝。カタールW杯出場圏内の2位に浮上した。

迎えた8戦目の相手は、アウェーで敗れたサウジアラビア。先制したのは日本だった。32分、MF伊東純也の右サイドからのクロスを、ペナルティーエリア内で受けたMF南野拓実が鋭い切り返しで相手をかわし、左足を一閃。シュートは相手GKに当たりながら、ゴールに吸い込まれた。後半5分には伊東がペナルティーエリア外から弾丸ボレーを右足で叩き込み、終わってみれば2対0。完勝だった。

これで5連勝、勢いに乗る日本は3月、シドニーに乗り込んだ。24日、スタジアム・オーストラリア。ここで勝てば最終節を残してカタール行きが決まる。

スコアレスの後半44分、救世主が現れる。後半途中からピッチに立った三笘が大仕事をやってのけた。DF山根視来、MF守田の流れるようなパスワークで右サイドを崩し、左サイドから走り込んできた三笘がとどめを刺した。さらに三笘はアディショナルタイムにもゴールを追加し、カタール行きを決めた。

地獄から天国へ——。オンラインで行われたカタールW杯出場決定会見、私は森保の次の言葉が強く心に残った。

「私ひとりで戦っているとは思っていません。常に日本のサッカーファミリー全体で普及、育成、環境づくりをしてくださっている方々と一緒に、日本代表を強くし、目標に向かっています。ただプレッシャーがひとつあったとすれば、W杯に6大会連続で出続けている中、日本人指導者として7回目を目指し、もし私が結果を出さなければ日本人指導者の評価が変わってしまうというプレッシャーがありました。世界で結果を出すというところにはまだ至っていません。しかし、**アジアの中で、日本人指導者がしっかりと勝って、そして世界に挑める、世界を追い越していける**――。他の指導者にも自信を持っていただき、日本人指導者全体の評価につながればいいなという思いでやってきました」

私ひとりで戦っているとは思っていません――。これも森保がよく口にする言葉だ。

彼のコメントをよく読めば、「I」よりも「WE」の方が、主語にふさわしいように思えてくる。

日本人の良さをどう組織に落とし込むか

過去から学ぶことの意義を、森保はこう説明する。

「日本は（カタール大会の前まで）W杯でベスト16に3回進出していました。最初はトルシエさんが監督をした02年日韓大会、2回目が岡田さんの10年南アフリカ大会、そして3回目が西野さんの18年ロシア大会です。この3大会の戦いぶりを分析し、ブラッシュアップし、アップデートさせれば、自ずと（ベスト16の）壁を乗り越えられるだろうと準備をして大会に臨みました。

ざっくり言うとトルシエさんの時（のベスト16進出の原動力）は組織力。トルシエさんは日本人のことがよくわかっていた。ある程度かたちを決め、役割を明確にする中で、機能性がより発揮されると。岡田さんが監督の10年南アフリカ大会は、先に言ったように〝良い守備から良い攻撃に〟というコンセプトの下、サイドのケアがしっかりできていたと思います。

また1次リーグで敗退したものの、14年ブラジル大会で日本を率いたザッケローニさんは〝インテンシティー（強度）〟という概念を代表に持ち込んだ。その後のハリルホジッチさんはデュエル（1対1での球際）に負けない。そしてタテに速く攻めるプレーを重視するという特徴がありました。

脳梗塞で代表監督の座を退きましたが、イビチャ・オシムさんには〝日本サッカーの日本化〟という明確なコンセプトがありました。連係、連動を重視する日本代表のプレーモデルの確立といってもいいでしょう。

ご本人が〝考えて走るサッカー〟と言ったように、日本人が得意とする速さと技術力を、どういかしていくか。それを追求されたんだと思うんです。ヨーロッパで活躍する日本人選手たちを見ていると、皆、アジリティーとモビリティーがあり、そしてチームに対して献身的です。こうした日本人の良さを、どのようにして組織の中に落とし込んでいくか。それを追求し、提言してくれたのがオシムさんだったと思っています」

もちろん、恩師であるオフトからの影響は絶大である。

「オフトさんから学んだことはたくさんありますが、一番は〝個々の役割を徹底する〟ということですね。選手に対する要求はものすごく厳しかったし、また練習も厳しかった。それなのに、いつも笑っているんですよ。それは**サッカーって、自分の好**

きなことでしょう。だったら楽しむことを忘れちゃいけないよ、というメッセージでもあったと思うんです。その学びは、指導者になってからも生きています」

蛇足だが、森保は試合中、指笛を吹くことがある。オフトも、よく指笛で指示を出していた。「オフトに似ていませんか？」と問うと、「はい、いやぁ（笑）」と苦笑を浮かべて、こう答えた。

「確かにやっていますね。あれはね、試合中、声が全く届かないからなんです。（指笛が）聞こえると、その瞬間、選手がこっちを振り向いてくれる。そこでこっちの意図を理解してくれれば……」

〝ドーハの悲劇〟によりW杯出場を果たせなかった森保が、初めてW杯の現場に身を置いたのが18年ロシア大会である。西野監督の下でコーチを務めた。

「ピッチサイドで初めてW杯基準を知った。スピードなんて倍速というと、ちょっと大げさかもしれませんが、早送りしているんじゃないかっていうくらい……。そのW杯基準で、激しく動き、当たりながら技術を発揮し合っている。この経験は僕にとっては本当に大きかった」

カリスマは求心力をすぐ失う

西野が代表監督に就任したのは、ロシアW杯開幕の約2カ月前の18年4月だった。ロシアW杯出場を逃したマリとウクライナに国際親善試合で勝利できなかったことを重く見た日本サッカー協会は、ヴァイッド・ハリルホジッチ監督を解任し、技術委員長だった西野に後を託した。

この解任劇は政治の世界でいう「追い込まれ解散」ならぬ「追い込まれ解任」だった。

マリとウクライナを相手にしたベルギーでの2試合は、内容的にほとんど見るところがなかった。収穫があったのは少々無理をしてでもゴールに向かおうとする強い意志を感じさせた初代表、MF中島翔哉の野心的な自己主張くらいだった。

「ボールを保持しながら流動的にできればよかったが、それは監督が求めることではない」

MF宇佐美貴史のコメントが全てを物語っていた。しかし、それでは、ただ指揮官の顔色を窺うだけの〝忖度《そんたく》サッカー〟ではないか、と突っ込みを入れたくなったが、代表監督は人事権という最大にして最強の権限を握っている。しかもW杯は4年に一度なのだ。誰が「今の監督とはソリが合わないから、4年後を待つ」といえよう。代表監督が持つ権限の強大さは、官僚を自在に操《あやつ》る内閣人事局の比ではない。

それにも増してハリルホジッチは強権的な指導者だった。これは元監督のフィリップ・トルシエにもいえることだが、**アフリカ諸国で指揮を執ったことのある人物の振る舞いは、どこか植民地の総督風**だ。選手の反乱を恐れるあまり、過剰に強いリーダーを演じようとする。あるいはカリスマを装おうとする。

結果が出ている時は、それでもいい。だが結果が伴わないと、途端に求心力を失う。田嶋幸三会長は、「マリ戦、ウクライナ戦の後、選手とのコミュニケーションや信頼関係が多少薄れてきた」ことを解任の理由にあげたが、そもそもコミュニケーションや信頼関係が成立していたかどうかさえ疑わしかった。

コミュニケーションとは、ある意味、感情を言語化する作業だが、ハリルホジッチはそれに長けていたとも思えなかった。今後、代表監督を選ぶ際は、実績や〝身体検査〟に加え、コミュニケーション能力も基準のひとつに入れるべきではないか。そんな教訓を残した。

W杯の出場権を勝ち取った監督の解任は、この国では初めてのことだった。これに対しては賛否が相半ばしたが、客観的に見れば遅きに失した。韓国に1対4と大敗した17年12月のE－1選手権が潮時だった。

だが、人のクビを切る作業は容易ではない。協会相談役の川淵三郎は自らのツイッターで、〈(解任を)本人に告げる時の心境は胃が痛いどころの話ではない〉と述べた。クビを**切る辛さは、協会の舵取り役を経験した人間にしかわからない**ということか。

座して死を待つくらいなら、荒療治もやむを得ない。「1％でも2％でも、W杯で勝つ可能性を追い求めていきたい」。結果的に田嶋の決断は吉と出た。

新監督の西野は就任前の囲み取材で、目指すサッカーについて、こう語った。

積み上げてきた日本のサッカーがある。技術的に世界で通用する部分はたくさんあるし、規律を持って組織的に戦える強みもある。（ハリルホジッチ前）監督は強さ、速さ、推進力を求めて強く発信してきたが、それに追いつかない部分があった。ないものを求めるより、あるものを良くしていく。そこで勝負した方が早い。

（スポニチ　2018年4月11日付）

多くのメディアは、これを〝脱ハリル宣言〟と報じた。前任者のハリルホジッチは、いわゆる堅守速攻、タテに速いサッカーを志向した。14年のブラジルW杯ではアウトサイダーのアルジェリアを率い、チームをベスト16に導いたことで自信を深めていた。ハリルホジッチが15年3月に代表監督に就任するまで、日本のサッカーはポゼッション重視だった。これをボスニア出身の指揮官は一掃した。

「日本のサッカーの教育は〝ポゼッション〟をベースにつくられている。もちろん、点を取るためにはボールが必要で、ボールを持つことがポゼッションだ。だが、相手よりボールを持ったからといって勝てるわけではない」

言っていることは正論だった。ポゼッションは、あくまでも勝つための手段であって目的ではないからだ。

手間ひまかけずに相手からボールを奪い取り、素早く攻めるサッカーを「リアクションサッカー」と呼ぶ。これを志向するのは、その監督のやり方だからいいとして、一向にチームが熟成してこないところに問題があった。

縁の下の力持ちに徹する

この8年前も本番前は散々なチーム状況だった。岡田率いる代表はセルビア、韓国、イングランド、コートジボワール相手に4連敗し、お先真っ暗な状態だった。ところがフタを開けるや、見事に決勝トーナメント進出。南アフリカ大会でのベスト16は国外でのW杯で、日本が得た最高の戦果だった。

この時の代表には悪い流れを断ち切るキイパーソンがいた。チームリーダーの田中マルクス闘莉王だ。

「オレたちは下手くそなんだ。もっと泥臭くやろう」。仲間を前に、こう力説した。

理想よりも現実。守備重視の戦い方ではあったが、これが功を奏し、まさしく「泥臭い」サッカーで、格上のカメルーンとデンマークを撃破してみせたのである。

ロシア大会、西野が選んだ日本代表23人の平均年齢は28・26歳で10年南アフリカ大会の27・83歳を上回り、過去最高齢となった。3大会連続選出もGK川島永嗣、DF長友佑都、MF長谷部誠、FW本田圭佑、FW岡崎慎司と5人いた。

口さがない者は「ロートルジャパン」と呼んだが、長友は「年齢で物事を判断する人はサッカー知らない人」(自身のツイッター)と反駁《はんばく》した。

ベテラン中心のメンバー構成になるのは、**本番2カ月前に代表監督に就任した西野が選手の経験値を重視した**からだった。この期に及んで、ゼロからチームをつくり上げる時間的な余裕はない。ならば計算の立つメンバーで戦いたいと考えたのは、現実を直視すれば当然のことだった。

1996年のアトランタ五輪で西野はU－23日本代表を率い、ブラジルを撃破した。将棋でいうところの〝穴熊〟のような戦術で守りを固め、ブラジルの一瞬のスキを突いた。まさに〝リアリスト西野〟の面目躍如たる勝利だった。

しかし五輪とW杯とでは重みが違う。アトランタ五輪からは22年も経っていた。国内で**17シーズンにわたって指揮を執った経験豊富な西野でも、足が震えるような場面に遭遇する**かもしれない。

そうした不安を考慮した結果が、経験者優遇となったのであろう。解任されたハリルホジッチから西野がバトンを受け継いだ時点で、「ロートルジャパン」になることはあらかじめわかっていた。

とはいえ大舞台になればなるほどベテランの力は侮れない。海外でのW杯で初の決勝トーナメント進出を果たした10年南アフリカ大会では、4大会連続で選出されたベテランGK川口能活《よしかつ》の役割が大きかった。34歳の川口をキャプテンに指名したのは監督の岡田だった。

久しぶりに代表に復帰した川口は選手たちを集め、早速ミーティングを開いた。その時の模様を、スポーツライターの二宮寿朗《としお》はこう書いている。

川口は聞き役に徹し、一人ひとりの言葉に耳を傾けた。『泥臭くやっていこう』『球際で負けないようにやろう』『臨機応変さが大切』……様々な意見が飛び出し、15分ほどで終わらせる予定が1時間をゆうに超した。

（文藝春秋　2010年9月号）

岡田には苦い記憶があった。初めてW杯の指揮を執った98年フランス大会では3戦全敗に終わった。直前にチームの中心だった三浦知良を代表から外した影響が、チームに微妙な影を落とした。

岡田から「FWの柱」として期待された城彰二は、私のインタビューにこう答えた。

「プレッシャーがどんどん膨《ふく》れ上がっていった。カズさんというエースがいなくなったことは僕にとって最大のチャンスであるにもかかわらず、僕はその重圧に耐え切れなかった」

南アフリカ大会で岡田が川口をキャプテンに指名した背景には、こうした事情もあったように思われた。

ただし、この時の川口はあくまでも控えであり、結局、1試合も出場しなかった。縁の下の力持ちに徹したことが功を奏したのだ。

失うものも守るものもない

こうした経緯を、もちろん森保は全て知っている。過去からの学びが未来につながる――。そうした歴史観を持つ森保にとって、先人の足跡をたどる作業は、何をおいても優先すべきことだった。

森保は、かつての上司である西野ともカタール出発前に会い、「積み上げ」の成果について意見を交換している。

森保　ベスト16に進んだ過去3大会を見ていくと、（フィリップ・）トルシエさんはフラットスリーというやり方を用いて組織力を見せた。岡田（武史）さんは中盤に5枚並べてサイドをしっかり押さえていい守備からいい攻撃につなげた。そして西野さんは自分たちからボールを奪いに行く能動的な守備とマイボールを大切にして自分たちでコントロールしながら試合を進めていこう、と。**段々と積み上がってきて、今の日本サッカーがあるんだな**と感じています。

西野　グループステージ初戦のコロンビア戦で、前半3分に香川（真司）のシュートから相手のハンドでPKを得て先制できた。相手も退場になって、周りから「ラッキーでしたね」とも言われたけど、そうじゃない。緊張感漂う独特なワールドカップの雰囲気がある中で、ブラジル大会での意識とは違うゲームの入り方をしてくれた。それに相手とのデュエル、縦に速くというのはハリルさんの財産だから。強化してきた中で染みついてきたものが出て、それにプラスして選手たちのコミュニケーションもあって日本の対応力とか同時性、連動性を打ち出せたって思うよ。

森保　そうですね。（アルベルト・）ザッケローニ監督やハリル監督にはグローバルスタンダードを植えつけていただいた。

（Ｎｕｍｂｅｒ　１０６３号）

手短に２０１８年ロシア大会での日本代表の戦いぶりについて振り返っておこう。グループＨに入った日本は初戦で、このグループでは最もＦＩＦＡランキングの高かった（16位）コロンビアに、２対１で勝利する。１対１の後半28分、本田圭佑のコーナーキックをワントップの大迫勇也が頭で合わせた。これが決勝点となり、４年前のブラジル大会の仇を討った。この時はグループリーグで１対４と大敗していた。ＳＮＳを駆け巡った「大迫ハンパないって」は、この年の流行語大賞トップ10にも選ばれた。

続くセネガルはＦＩＦＡランキング27位のアフリカの強豪。02年日韓Ｗ杯では初戦で前回優勝のフランスを破り、ベスト８に進出した。スピーディーで高いスキルを誇る選手の多いセネガル相手に、日本はＭＦ乾貴士の１アシスト１ゴールの活躍で２対２で引き分け、勝ち点１をゲットした。

この試合、西野は後半27分にＭＦ本田圭佑を、その３分後にＦＷ岡崎慎司を投入した。本田は貴重なゴールを決め、岡崎はニアでＤＦを引きつけ、ゴールのお膳立てをした。日本的には〝昔の名前で出ています〟的な２人だったが、セネガルにすれば〝お初の相手〟である。

どう使えば、２人は生きるか。その一点の是非のみに集中し、指揮官は逡巡も妥協もしなかった。青天の霹靂《へきれき》のようなかたちで代表監督に就任した西野には、失うものも守るものもなかった。持たざる者の強みが采配にすごみを与えていた。この**プラグマティックなカードの切り方は、代表監督就任後の森保にも大きな影響**を与えた。

3戦目のポーランドは既に2連敗しており、グループリーグ敗退が決定していた。引き分け以上で決勝トーナメント進出の決まる日本は、後半14分にDFヤン・ベドナレクに決められ先制を許すが、他会場の得点経過を考慮し、リスクをとらない、つまり「攻めない」ことを決断した。指揮官の狙い通り、そのまま0対1で試合を終わらせた。その結果、ポーランドに敗れはしたものの、フェアプレーポイントが順位決定の決め手となり、日本は02年大会、10年大会、そして18年大会と3度目の決勝トーナメント進出を決めたのである。

ベスト8の切符が逃げた

決勝トーナメント1回戦の相手は、FIFAランキング3位のベルギー。7月2日(日本時間3日)、ロストフ・ナ・ドヌ。ベルギーはグループGを3連勝で突破していた。

試合は後半早々に動いた。3分、司令塔のMF柴崎岳がピッチ中央から相手守備網を切り裂くスルーパスを右サイドへ走らせた。このパスにMF原口元気が追いつき、大会屈指のGKティボー・クルトワがニアに寄るのを確認してタイミングを外すように右足を振り抜いた。シュートは横っ飛びのクルトワをあざ笑うように左サイドネットに突き刺さり、日本が先制した。

さらに、その4分後だ。乾がペナルティーエリア外の左サイドからミドルを放つ。無回転気味のシュートが右サイドネットに吸い込まれ、2対0。

後半7分で2点のリード。守勢を予想されていた日本にとっては、まさかの展開。指揮官にとっては〝うれしい誤算〟だった。

自分の中で正直、**ベルギーに対して2－0でリードして、後半残り30分を迎えることを想定してなかった**です。『このまま行け』と中途半端な指示しか送れなかった。

（サッカーダイジェストWeb　2022年11月21日7時27分配信）

最悪に近い状況に追い込まれても、慌てず騒がず最善のカードを切る。これができる監督がいるのが強いチームである。後半20分、ベルギーのロベルト・マルティネス監督が動いた。身長194センチのMFマルアン・フェライニと187センチのMFナセル・シャドリを投入し、パワープレーに舵を切った。

じわじわとプレッシャーを感じ始めていた24分、乾の自陣からのクリアボールはキックミスとなり、ふわりと日本のゴール前へ。これを身長189センチのヤン・フェルトンゲンが日本人DFと競ることなく頭で合わせた。

29分には日本の右サイドを破られた。MFエデン・アザールからのクロスを194センチのフェライニがピンポイントで叩き込んだ。またしてもヘディングによるゴール。制空権を握られてしまっては勝ち目はない。

2対2で迎えた後半アディショナルタイム。本田の左コーナーキックをGKクルトワがキャッチし、ボールを素早く司令塔のMFケビン・デブルイネに右手で滑らせる。デブルイネはドリブルで一気にピッチ中央を駆け上がり、右サイドにいたDFトーマス・ムニエにパス。これをムニエはゴール正面に向かって走り込んでいたロメル・ルカクに折り返す。ルカクにはキャプテンのMF長谷部誠がついていたが、なんとスルー。DF昌子源の懸命のスライディングも及ばず、トップスピードで詰めていたノーマークのシャドリに左足で押し込まれた。これが世にいう〝ロストフの14秒〟である。健闘虚しく日本は2対3で敗れた。摑みかけていたベスト8の切符はスルリと手から滑り落ちていった。

「本気のベルギーに対抗できなかった」。敗軍の将がしぼり出した一言が、この試合の全てを物語っていた。日本代表はまたしてもベスト8の高い壁にはね返された。

後半の途中まで**2対0とリードしていながら、アディショナルタイムも含め、残り25分で3つのゴール**を決められた。かさにかかって攻め込むベルギーは、まさに〝赤い悪魔〟だ。FIFAランキングを額面通りに受け止める必要はないが、3位と61位。最後は地力の差が如実に表れた。それでもポット4の日本の決勝トーナメント進出には、一定の評価が与えられてしかるべきだろう。

重要なのは指示を徹底すること

思えば期待値の低い船出だった。コミュニケーション不足を理由にボスニア出身の監督が解任されたのが本番2カ月前。焼け火箸と化したバトンを手渡された西野朗には、戦術を練る時間も選手の時価を見定める時間もなかった。だが、必ずしもそれは悪いことばかりではなかった。腹をくくった指揮官の立ち居振る舞いは、指示から迷いを消し去り、采配にすごみを与えていた。

余談だが、選挙に負けた政治家が必ず口にする言葉がある。「時間がなかった」。失礼ながら、その政治家は仮に時間がたっぷりあったとしても負けていたと思うのだ。時間がないならないで、どう戦うか。西野はその手本を示してくれた。そして、それこそはJリーグ25年の財産ではなかったか。というのも1993年にJリーグが誕生していなかったら、96年のアトランタ大会で、28年ぶりに五輪出場を果たすことはできなかっただろう。もちろん西野が脚光を浴びた〝マイアミの奇蹟〟も起こり得なかった。その後、ガンバ大阪の監督に就任し、采配に磨きがかかることもなかった。

西野の功績は、まだある。ポーランド戦での残り10分でのパス回しだ。もし同時刻にキックオフした同組のセネガルがコロンビアに追いついていたら、W杯史上に残る悪手として西野采配は酷評されていただろう。攻めるなら攻める、守るなら守る。どちらが正しいのでも、どちらが間違っているのでもない。重要なのは**指示を徹底することだ。そしてブレないこと**だ。

判断なら誰でもできる。監督は決断しなければならない。覚悟なきリーダーに運は味方しない。そのことを強く認識させられた2週間だった、と森保は後に語っていた。彼は補佐役として指揮官の苦悩と辛苦を目のあたりにした。他の大会では代替することのできない得がたい時間だったに違いない。

日本サッカーに語り継がれる2つの悲劇があるとすれば、一に〝ドーハの悲劇〟、二に〝ロストフの14秒〟だろう。森保はこの2つの悲劇を現場で体験している。最初は選手として、次はコーチとして。

この〝ロストフの14秒〟について、森保は後日、悲痛な面持ちで、しかし淡々とこう語った。

「悔いがあるとすれば、DFの植田直通を入れてくれって、西野さんに言い出せなかったこと。ベルギーが背の高い選手を入れてきて、それに対応するには（屈強な）植田を入れるのがいいだろうと。実はW杯直前、親善試合でのパラグアイ戦で、植田はヘディングで相手に勝っていたんです。海外の選手たちにも十分通用していた。代えるのなら、あそこしかなかった……」

西野ジャパンはベルギーに負けたというより、ベスト8の壁に弾き飛ばされたように私の目には映った。「ベルギーに対して2－0でリードして、後半残り30分を迎えることを想定してなかった」という指揮官の呻きが、それを物語っているように感じられた。

歴史は繰り返さない、しかし韻を踏む――。

高みを目指す戦い、**その過程での挫折は成長のための痛み、すなわち思春期の〝成長痛〟**とよく似ている。避けては通れない通過儀礼のようなものだといえるかもしれない。

スーパースターに〝悪いけど代える〟

話は再びWBC。栗山が、〝魔術師〟三原の没後弟子であることは先に述べた。日本ハム監督時代の栗山が〝魔術師〟ばりの采配を披露したのが、福岡ソフトバンクとの最大11・5ゲーム差をひっくり返し、4年ぶりのリーグ優勝、10年ぶりの日本一を達成した2016年のシーズンである。

名将の条件として、三原は次の言葉を残している。

〈監督とは、ひじょうに常識的な言葉であるが、選手を使いこなすことができるかどうかである〉

平易であるがゆえに奥が深い。これこそは、「言うは易く、行うは難し」なのだ。

「ウチは（中田）翔のチーム」

そう公言してはばからなかった栗山が、不動の4番に代打を送ったのは、6月27日、本拠地での埼玉西武ライオンズ戦だ。

4点差の7回、2点差に詰め寄り、なおも2死一、二塁。ここで栗山は「代打・矢野（謙次）」を審判に告げる。札幌ドームが騒然となったのは言うまでもない。期待に応えた矢野は四球を選び、連打も生まれて日本ハムは逆転に成功する。試合は8対7で日本ハムが競り勝った。

この勝利で5連勝。白星の数珠は15にまでつながった。最大で11・5あった首位・福岡ソフトバンクとのゲーム差を徐々に縮め、ついにはひっくり返してみせたのである。

前の打席で中田は見逃し三振に倒れ、10打席連続無安打となっていた。確かにこの打席でもヒットが出る予感はしなかった。

だが、栗山によれば、不振だから外したわけではない。中田が「ファイティングポーズを崩した」ことが許せなかったのだ。

「投手を倒すという姿勢が僕には見えなかった。それは打ってから一塁へ走る姿にも表れていました。翔には〝悪いけど代える〟と言っただけです。次の2試合も（スタメンから）外しました。その理由について、僕は説明していません。自分自身で気づいて欲しかった。それがスーパースターというものです」

再び三原の言葉を引く。

〈勝つための**最善と思われる手段を選んで戦うのは監督として当然の処置**で、選手の個々の立場や感情を尊重することと、勝つということは必ずしも一致しない〉

25年ぶりのリーグ優勝を果たした広島カープとの日本シリーズは、2連敗からのスタートとなった。

「負けるなら4連敗だと思っていました。正直言って〝追い込まれた感〟がありました」

本拠地での第3戦も敗色濃厚だった。1対2で試合は8回裏へ。広島のマウンドはセットアッパーのジェイ・ジャクソン。日本ハムの負けパターンだ。

2死二塁。ここで広島バッテリーは3番・大谷翔平を歩かせ中田との勝負に出た。

寝てるヤツは起こすな――。これが短期決戦の鉄則である。

栗山は、どんな思いでこのシーンを見つめていたのか。

「チームの柱として、全てを受け止めるのが4番。翔には、その力がある。日本の4番に育てるために、この5年間、苦楽をともにしてきたんです。ここは最高の見せ場。〝行け、翔。オトコになれ！〟と心の中で叫んでいました」

執念の乗り移ったライナー性の打球はレフト松山竜平の前でバウンドし、フェンス際まで転がった。逆転の2点タイムリー。この一打でシリーズの流れが変わった。日本ハムは怒濤の4連勝で赤ヘルを寄り切ったのだ。

勝てば王手がかかる3戦目、広島は満を持して、シリーズ直前に引退を表明したばかりの黒田博樹を先発のマウンドに送った。日米通算203勝のレジェンドである。

「これがウチにはよかった」

栗山の真意はこうだ。

「黒田が来てくれたことで選手たちは純粋に野球に向き合うことができた。〝あの黒田さんと対戦できるんだ〟という喜びで、〝オレたちは挑戦者なんだ〟と原点に戻ることができた。敵をも変える力を、黒田は持っていたということです」

このシリーズ、采配が後手後手に回った広島の指揮官を尻目に、栗山は果敢にカードを切り続けた。将棋でいえば最善手の連続だった。

「2016年のワールドシリーズが参考になりました。シカゴ・カブス監督のジョー・マドンもクリーブランド・インディアンスのテリー・フランコーナ監督も先に先に手を打ってくる。やり残すと後悔すると言わんばかりに。

これは僕も同じ考えです。負けるにしても手を打ち尽くして負けたい。そうじゃないと明日につながらない。使わないのなら**代打を残しておいても意味がない。短期決戦は待ってはくれません**から……」

最強のユニコーン・大谷翔平

2016年のパ・リーグMVPには「二刀流」の大谷が選ばれた。投げては10勝4

敗、防御率1・86。打っては打率3割2分2厘、22本塁打、67打点。

いわく、「二刀流は無理」。いわく、「プロ野球をナメている」……。名だたるOBの批判を、実力で封じてみせた。

二刀流をチームにどういかすか。栗山に問われたのは投打という2つの資産の運用法だった。

そのひとつの回答が、7月3日、敵地での「1番・ピッチャー・大谷」だった。日本ハムは首位ソフトバンクに7・5ゲーム差まで迫っていた。

プレーボールから5秒後、大谷は中田賢一の初球を振り抜いた。放物線を描いた打球は右中間スタンドに突き刺さった。まるで劇画のような一コマだった。

――この起用の真の狙いは？

「翔平はピッチャーとして初回の入り方が悪いんです。だったら1番でホームランでも打ってくれれば気持ち良くスタートできるだろうって。

それにいきなり翔平が打席に立ったら、相手も投げづらいでしょう。

あの頃、ウチはひとつの負けが命取りとなるような状況でした。翔平を、どう使えば相手は嫌がるか。そのことは常に意識していました」

栗山が大谷に「1番・ピッチャー」を伝えたのは、前日の練習中だった。大谷にとっては**初めて経験する打順だったが、投げる前に打席が回ってくるので「やりにくさはなかった」**という。その点も栗山は考慮していたのだろう。

節目となる自身最多タイの10号。ダイヤモンドをゆっくり1周したのは、投手としての体力を温存しておくためだった。

投げても、右腕は冴え渡った。5本のヒットと2つの四球を与えたものの、要所を締め、10奪三振で8回無失点。試合は2対0で日本ハムが勝った。

自身7連勝で8勝目。チームは10連勝となり、シーズン初の2位に浮上した。

仰天オーダーを組んだ理由を、栗山はこう説明した。

「先入観にとらわれず、勝つためには、どういうかたちがいいかをずっと考えていた。二刀流は、あくまでもチームを勝たせるための戦術。敵地ということもあり、インパクトのある勝ち方をしたかった」

だが、さすがに先頭打者ホームランを目のあたりにした瞬間は、「スゲェ！」と監督の立場を忘れて驚きの声を発してしまったという。

蛇足だが第5回WBC、決勝で日本に敗れた米国のマーク・デローサ監督は、試合後のインタビューで、大会MVPに選出された大谷翔平を「ユニコーン」と評した。

ユニコーンとは〝一角獣〟とも呼ばれる架空の動物で、唯一無二を意味する。ビジネスの世界では、評価額が10億ドル（約1313億円）以上の、主に未上場のスタートアップ企業を指す。

ベーブ・ルース以来といってもいい二刀流を引っさげて渡米し、米国を席巻したばかりか、23年のWBCで圧倒的なプレゼンスを発揮した大谷こそは、この国が生み出した〝最強のユニコーン〟といっていいだろう。

今にして思えば、2016年7月3日、福岡で栗山が「1番・ピッチャー」として起用した日、ユニコーンは誕生したのである。

人たらしの真骨頂

そして3つ目の森保・栗山の共通点として、〝人たらし〟であることをあげたい。人たらしと聞くと、何か腹に一物を持つ、油断のできない人物と思われがちだが、彼らは決してそうではない。そこまで一所懸命に取り組んでいるのなら、こちらも一肌脱ぐか——。端的にいえば、そう思わせる人物である。

ところで〝たらす〟という言葉の元々の意味は、たぶらかすとか、だますというものであり、ネガティブなニュアンスをまとっている。周囲の人々から〝女たらし〟や〝男たらし〟と陰口を叩かれ、気分のいい人はまずいない。

もちろん〝人たらし〟にも先述したようなネガティブなニュアンスは含まれるものの、その一方で、**〝人心掌握に長けた人〟的な使い方をされる**のには、ちょっとした理由がある。

その謎を辞書編集者の神永曉《さとる》は、次のように解き明かしている。

この新しい意味の「人たらし」は、作家の司馬遼太郎が使ったために広まったといわれている。たとえば、豊臣秀吉の半生を描いた『新史太閤記』（１９６８年）でも、「人蕩《たら》し」が繰り返し使われている。

「猿はこの点、天性の人蕩しらしい」（上総介）
「これは容易ならぬ人蕩しかもしれぬな」（半兵衛）
「そのあたりが、この男の人蕩しの機微であるのかもしれない」（南殿）

といったように。これらの例はいずれも秀吉のことである。
ここで一つ注目していただきたいのは、司馬が「人蕩し」と表記している点である。「蕩」という漢字は「トウ」と読むが、揺れ動くとか豊かに広がる、ほしいままにするといった意味がある。また、「とろける」「とろかす」とも訓《よ》み、**惑**

わされて本心を失う、またそのようにさせるという意味もある。私は、司馬が「誑」ではなく「蕩」を使ったところに、意図的なものを感じるのである。つまり、自身が使う「人蕩し」は本来の意味とは異なると表明しているような。実際、『新史太閤記』の中では、「蕩」を単独でも使っている。

「半兵衛も、猿のその、いわば滴《したた》るような可愛気に蕩《とろ》かされた」（調略）

（Ｊａｐａｎ　Ｋｎｏｗｌｅｄｇｅ　日本語、どうでしょう？―知れば楽しくなることばのお話―第４５５回「豊臣秀吉は人たらしの名人だった」）

秀吉と聞いて、すぐに思い出すエピソードに、織田信長の草履《ぞうり》を懐《ふところ》に入れて温めたというものがある。ある冬の寒い日、信長の小者、いわゆる雑用係だった日吉丸という名の青年は、出かけようとする信長に草履を差し出す。これが妙に生温かいため、自らの草履を尻に敷いていたと誤解した信長は、「この無礼者！」と一喝する。

次の瞬間、日吉丸は自らの胸元を開き、草履の跡を見せる。「殿のおみあしが冷たくならぬよう、ここで温めておきました」。信長が秀吉の忠誠心と賢さに感心したのは言うまでもない。貧農の出身で「サル」と蔑《さげす》まれた男の立身出世の物語は、ここから始まるのである。

概観していえば、秀吉に限らず、歴史上、大きなことを成し遂げた人物は、程度の差こそあれ、ほとんどの者が〝人たらし〟だったのではないか。そうでなければ、味方を増やすこともできなければ、周囲を巻き込むこともできないだろう。

ヨーロッパは個の力で突破する

森保について、誰かから彼に対する悪口を聞いたことがない、と先に述べた。それは彼が**誰に対してもオープンで、常に平等に接するから**である。その一方で、長幼の序をわきまえているため、年長者からの評判もすこぶる良い。

初代Jリーグチェアマンにして第10代日本サッカー協会会長。協会の大御所である川淵三郎は持って回った言い方をしない。それゆえに彼が発する一言は発信力が強く、ニュース価値も高い。

森保の代表監督就任を誰よりも喜んだのが川淵だった。自らが立ち上げたJリーグ出身初の日本人監督であること、そのJリーグで3度の優勝を果たしたことなどから、今後の日本サッカーを背負って立つ有為な人材と考えていたからである。

しかし、カタールW杯アジア最終予選では、3戦終了時点で2敗を喫する散々なスタートとなった。見るに見かねた川淵は、森保に直接会って質した。その時の2人のやり取りを再現する。

「森保、今日は言いたいことがある。思っていることを全部言っていいか?」

「川淵さん、どうぞ、お好きなことを言ってください」

「(出場メンバーを見ていると)昔の名前とか人情とか、そういうのを考慮して決めているように思えるんだ。森保は人間が優しいから、いろいろと配慮しているんだろうけど、もっと心を鬼にしてやった方がいいんじゃないか」

「いえ、僕は川淵さんが考えるような優しい男じゃありません。僕はもっと冷酷で冷たい男ですよ」

「へぇ、オマエすごいこと言うな」

「僕は広島の監督の時もそうでしたが、甘い考えでやったことは一度もありません。それに川淵さん、もし僕がここで失敗したら、やはり日本人の監督じゃダメだ、となり、また外国人の監督に戻る。その責任を十分に感じながらやっているんです」

「そう、そこまで腹くくってやっていたのか。わかった、安心したよ。この先も応援するから頑張ってくれ」

この間、森保は背筋を伸ばし、ずっと川淵の目を見つめながら話し続けたという。

後に川淵は、こう語った。

「他にもいろいろと聞いたんだ。〝今の日本のサッカーは本当におもしろくない。どう考えているの？〟ってね。すると森保は〝日本は2人、3人のコンビネーションで敵陣を突破しようとするけど、ヨーロッパに行ったら全部個の力だ〟って。それを聞いて、オレも納得したね。要するに、〝1対1になったら、抜くのは当たり前じゃないか〟という話でしょう。ヨーロッパで活躍する選手が増えている今、昔の考え方は、もう通用しない。改めて〝今の代表監督は大変だ〟って思ったよ。森保のように、しっかりした考えを持っている日本人じゃないと、代表監督は務まらない。結果はどうあれ、森保で行くのが一番だろうって。つくづく会って話してよかったと思ったよ」

狡知《こうち》を用いて協会の大御所を味方に引き入れたのではない。まさに**正面突破、誠心誠意応えることで、理解を得た**のである。

選手の悪口を一度も聞いたことがない

孟子の有名な言葉のひとつに「至誠天に通ず」というものがある。森保の言動や振る舞いを見るにつけ、この言葉を思い出す。彼は相手が誰であろうと、人を上にも下にも見ない。人によって態度を変えることもない。実は私が知る川淵も、そういう人物である。

困ったことに栗山もまた〝人たらし〟である。WBCで背負った「89」は、先に述べたＷＢＣ初代監督の王貞治が第1回大会でつけていたものだった。王はこの番号を、ホークス監督就任と同時に背負った。栗山はＷＢＣで「89」をつけるにあたり、王から許可を取りつけている。

栗山には「王さんの志を受け継ぎ、一緒に戦いたい」という思いがあったのではないか。それについて王は「89＝野球という単純な意味だった。だけど、そういうところで思いをつなげているんですね」「僕にとっては光栄なこと。彼がそういう思いをつないでくれたのがうれしい」と表情をほころばせていた。

森保同様、栗山もオープンマインドの持ち主だが、長幼の序はわきまえている。〝世界の王〟を味方につけるということは、球界を味方につけるということと同義である。

それでなくても、野球人は背番号に特別な思いを寄せる。車のナンバーや携帯電話の番号にまで背番号を使用している者もいる。いわば、自らの分身でもあるのだ。その意味でも栗山が「89」を継承するにあたり、王に断りを入れたという話は興味深い。

普通の人間が、これをやると「下心」を疑われかねない。ところが栗山に対し、そうした声が出ないのは、彼の行動が本心に根差したものだからだろう。WBCでヘッドコーチを務めた白井一幸は、日本ハムでも参謀として栗山に仕えていた。学年も一緒、ツーカーの仲だ。

その白井が、栗山についてテレビでこんなことを言っていた。

「ヘッドコーチをやってくれないか、と監督が言ってきた。カズがやらないなら、オレは監督をやらないぞ。オマエじゃなきゃダメなんだと……。

とにかく監督は選手を信じる力がすごい。私も長年一緒にやってきましたけど、表でいいことを言う人は、いっぱい見てきた。しかし、彼の口から、人の悪口、批判は一切、聞いたことがない。常に**野球界のために、あるいは選手に対し、自分は何ができるのか、を考え、行動**している。徳を積んでないと、あそこまではできない」

あまり知られていないが、栗山は〝闘将〟と呼ばれた星野仙一からも多大な影響を受けている。一見ソフトな印象の栗山と、闘志をむき出しにする星野とでは〝水と油〟のような関係に映るが、目指す方向性は一致している。

栗山は2017年11月に行われた「星野仙一　野球殿堂入りを祝う会」での星野の次のスピーチが印象に残っているという。

「野球の底辺を広げるため、アマチュア球界とプロ野球に分け隔てがあってはいけない。『野球』でモノを考えないと。そのために、アマチュアとプロがひとつになって、子供たちに、どう野球をやらせるかです。全国津々浦々、子供たちが野球ができる環境をつくってやりたいという夢を持っています」

栗山もキャスター時代、アマチュアとの関係改善に、熱心に取り組んだ。高校球児を対象にした「夢の向こうに」と題したプロ野球選手会主催のシンポジウムには、スタートした2003年から計20回も参加している。

キャスター時代、栗山は事あるごとに星野に叱咤された。それは気に入った後輩に対する星野流の愛情表現でもあった。

「クリ、しっかりやってんのか。野球に恩返しせぃ！」

ＷＢＣの監督に就任した理由のひとつに、**栗山は「野球界への恩返し」をあげたが、見方によっては星野イズムを継承したもの**とも受け取れた。

そういえば、ダルビッシュを呼ぶにあたっての「一生に一回でいいから、メンバー表にダルビッシュと名前を書かせてくれ」、あるいは白井をヘッドコーチに招くにあたっての「カズがやらないなら、オレは監督をやらない」といった、やや時代がかった口説き文句も星野流である。

阪神の監督時代、星野は広島をＦＡ宣言した金本知憲《ともあき》を、こうやって口説いた。

「プロ野球界全体のことを考えてくれ」

阪神は１９８５年にリーグ優勝を果たして以来、17年間も優勝から遠ざかっていた。阪神が強くなれば、セ・リーグはもとより、プロ野球界全体が盛り上がる。球界活性化のためにオマエの力を貸して欲しい――。これ以上の殺し文句は他にあるまい。

ＦＡ移籍1年目の２００３年、金本は3番打者として打線を牽引し、阪神の18年ぶりのリーグ優勝に貢献したのは周知の通りである。

論語と算盤と野球

星野は中日、阪神、東北楽天と3球団で17シーズンにわたって指揮を執ったが、背番号はいずれも「77」だった。言うまでもなく、これはV9巨人の名将・川上哲治が背負っていたものだ。現役時代、打倒巨人に執念を燃やし続けた星野からすれば、いわば敵将である。なぜ敵将の背番号を、わざわざ選んだのか。

「野球は選手やコーチだけではダメ。ファミリーで戦わなければ勝てない」

それが星野の持論であり、同時に川上から教わったものだったという。以下は以前、V9時代のセカンド土井正三から聞いた話。

「(V9時代の)巨人は家族ぐるみで戦っていた。その頃はテレビ中継の時間が短く、1試合で2打席しかテレビに映らなかった。それを女房たちが夕飯の支度をしながらビデオに収めていたんですよ」

土井によると、この頃、「家族ぐるみで戦っていた」球団は巨人だけだった。

川上イズムを引き継いだ星野は「ファミリーの結束なくして優勝はない」との信念

のもと、選手のみならず夫人の誕生日にまで花束を贈った。星野を〝人生の師〟と仰ぐ元中日の山本昌は、「怖い反面、気配りがすごかった。だから選手たちはついていった。花束の手配は、ほとんど毎日だったんじゃないでしょうか」と語っていた。

星野といえば〝強権的リーダー〟とのイメージがあるが、その半面、気配りの人でもあった。そして何より〝人たらし〟であった。吸収できるものがあれば、たとえ敵将からでも貪欲に吸収する。栗山は、それを星野から学び取ったのである。

栗山はキャスター時代から名将と呼ばれるリーダーのもとにしばしば足を運び、教えを乞《こ》うていた。

当時、本人は**おくびにも出さなかったが、しかるべき地位に就いた時のために準備だけはしておこう**、という思いがあったのではないだろうか。

栗山が取材したリーダーは、野球界だけにとどまらない。他の競技は言うに及ばず、実業界や学術界のリーダーの謦咳《けいがい》にも接している。

読書家の栗山が、日本ハムの監督時代、渋沢栄一の『論語と算盤』を選手に薦《すす》めたという話は、よく知られている。その縁もあってか、日本ハムの監督時代には、渋沢の5代目の子孫にあたる渋澤健（渋沢栄一記念財団理事）と対談している。

この内容が非常に興味深いので、その一部を紹介しよう。

渋澤　栗山監督、運命と宿命の違いってどう思いますか。私は栄一の残した言葉を読みながら、こう解釈しているんです。宿命っていうのは宿っている命なので変えられません。自分が人間で生まれたことも宿命です。でもその反対に、運命は運ぶ命なので変えられるはずなんです。じゃあ誰が運んでいるかというと、「人」が運んでいるんですよ。出会いなんかはまさにそうですよね。大谷選手との出会いも、人が運んできたんではないですか？

――大谷翔平選手との出会いは、栗山監督がまだスポーツキャスターの時代でした。

栗山　そうなんです。甲子園の取材では、翔平のプロも打たないような逆方向のライナーの当たりを見て、衝撃を受けました。その一撃を見て、彼なら間違いなくプロでやれるだろうと確信しました。

それから震災の直後に花巻に行って、翔平に初めて会ったんです。高校2年生の時、気仙沼の高校を取材で追いかけている時に対戦相手だった翔平にも話を聞くことになったのですが、その時の話し振りがすごく理論的で、**人間的にも大きく成長できる、彼ならプロでも大きなことを成し遂げてくれる**だろう、と直感しました。

今こんな話をしていると、翔平との出会いも人が運んでくれたものですね。再び翔平と出会う時、僕は彼が入団するチームの監督で、その運命が僕に「大谷は二刀流をやるべきだ」と言わせた気がするんです。うちの球団は、選手たちをなんとか育てていこうという気持ちが強いので、そういうところからも、この縁をもらっているのかなって思ったりはしています。

（栗山英樹『育てる力　栗山英樹『論語と算盤』の教え』宝島社）

この対談で、栗山は〈僕は渋沢栄一さんをはじめ、数々の人生の先輩の知恵を借りて、メッセージをもらって、それを次の世代に繋げています。特に、自分が迷った時には渋沢栄一さんから、「お前、大切な選手のために、チームの勝利のために、やるしかねえだろ！」と言われている気持ちになります。そう、自分に言い聞かせることがあります〉とも語っている。

栗山は読書を通じて、〝泉下の賢人〟にも対話を挑んでいる。その姿勢は大谷にも受け継がれ、彼の本棚には**アンドリュー・カーネギーの『富の福音』や中村天風の『運命を拓く』、稲盛和夫の『生き方』などが並べられている**ことを、情報番組が報じていた。29歳にして大人《たいじん》の風格が備わっているように見えるのは、幼少の頃から良き師、良き書に恵まれたからだろう。

おわりに

Z世代の勇者たち

１９９０年代後半から２０１０年代前半までに生まれた人々を「Z世代」と呼ぶ。米国の「ジェネレーションZ」に源を発すると言われている。

米国では１９６０年代から80年代初頭に生まれた人々を「ジェネレーションX」、１９８０年代半ばから90年代後半までに生まれた人々を「ジェネレーションY」と呼ぶ。その次だから「Z」というわけだ。国内では「現代用語の基礎知識選２０２１ユーキャン新語・流行語大賞」のトップ10に選出されたこともある。

この世代の特徴として、真っ先に挙げられるのがデジタルネイティブであること。物心ついた時からパソコンやスマートフォンなどのデジタル機器が身近にあり、インターネットなどのサービスを当たり前のように享受してきた。

では過去の世代と比べ、「Z世代」は、どう違うのか。まさしくサッカーW杯カタール大会で、W杯優勝国のドイツ、スペインを撃破し、ベスト16進出を果たした選手たちの多くがこの世代に該当《がいとう》する。

大手転職情報サイトのｄｏｄａが運営するｄ’ｓ ＪＯＵＲＮＡＬは、その特徴を以下の４項目に分けて説明している。

その①〈学校教育やインターネットの情報を通して「多様性（ダイバーシティー）」「ジェンダーレス」「ＬＧＢＴＱ」などの知識・考え方・感覚が身に付いているため、他者に対しても、年齢や性別などの属性にとらわれず、「一個人」として接します〉。ここでは「一個人」という言葉に注目する。

その②〈自分らしさを大切にする一方で、他者からの評価に敏感で承認欲求が強い傾向にあることも、Z世代の特徴と言えます〉〈仕事においては「評価を気にしすぎて保守的になってしまう」「指摘を受けた際に落ち込みやすい」といったケースもあるかもしれません〉。ここで注目するのは「承認欲求」という言葉だ。

その③〈Z世代には効率性を重視する傾向もあります。Z世代が育った2000年代には、スマートフォンやAI、VRなどデジタル技術の目覚ましい発展が見られました。さまざまな電子機器やツールを自然の流れで取り入れ、当たり前のように使いこなすことで、効率を重視する意識が生まれたのです〉。ここでは「効率性」という言葉に赤線を引きたい。

その④〈SNSを通じて、国内外・年齢・性別・職種を問わず、さまざまな人とのつながりを持つ傾向があります。同じ考えを持つ人とコミュニティーをつくったり、自分の考えを積極的に発信したりする人も多いようです。職場においても、オープンでフラットなコミュニケーション環境を求める傾向が強いでしょう〉。カギを握るのは「オープンでフラット」という言葉だ。

要約すればZ世代との付き合い方において押さえておくべきは、彼らの「一個人」としての尊厳を傷付けず、「承認欲求」を満たし、アドバイスする際は「効率性」を重視し、「オープンでフラット」な関係の構築に努めるということだ。

Z世代を特徴付ける2つ目のものとして、デジタルネイティブの次に紹介したいのが「少子化」のど真ん中の世代であるということ。「少子化」という言葉が初めて国民生活白書に登場したのは1992年のことだ。

少子化が子どもたちに与えた影響について川本敏は〈親子の結びつきは密になっているが、子供の自立性は低下している面がある〉(学士会アーカイブス)と述べている。これは興味深い指摘だ。いわゆる過保護のリスクがあるということだろう。

総じて言えば、今の子どもたちは親によって大事に育てられている。「スパルタ教育」などという言葉は、もはや死語だ。

新しい酒は新しい革袋に盛れ——。新約聖書に記されているイエス・キリストの言葉だ。欧米では〈新しい思想内容を表現するためには、新しい様式を必要とする。いつまでも古い形式にばかりこだわっていてはならないというたとえ〉(imidas)として使われる。

「新しい酒」、すなわちZ世代の新しい選手たちを率いる組織もまた、「新しい革袋」でなければならない。そのリーダーが「いつまでも古い形式にばかりこだわって」いたのでは話にならない。ある意味、「新しい酒」をいかすも殺すも「新しい革袋」次第なのだ。

本書を書くきっかけは、取材を通じての森保一監督との関係が30年を超えたからではない。日本代表を率いる彼のスタイルに「新しい革袋」を見る思いがしたからだ。先に示したZ世代との付き合い方における4条件を、彼は全て満たしている。

しかし、そこに無理は見られない。自ら「新しい革袋」を目指した痕跡《こんせき》はなく、今の革袋を、さらにリニューアルしようという意思も感じられない。この54歳は、どこまでも自然体なのだ。

それは、もちろん本人のキャラクターに依るものに違いないのだが、キャリアを重ねることで授かったものも大きいのではないか。そのプロセスをたどることで、「新しい革袋」の実像に迫りたい。そう考えたのが、本書を著した最大の動機だ。Z世代との付き合い方に苦慮している同輩方に対し、何がしかの気付きを促すことができれば幸いである。

なお、本書を物にするにあたっては、企画段階から幻冬舎の木田明理さんにお世話になった。改めてお礼申し上げます。

主な参考文献

森保一『プロサッカー監督の仕事　非カリスマ型マネジメントの極意』カンゼン
森保一、西岡明彦『ぽいち　森保一自伝　雑草魂を胸に』フロムワン
浅野拓磨『浅野拓磨　奇跡のゴールへの1638日』朝日新聞出版
都並敏史『日本代表に捧ぐ』ザ・マサダ
ハンス・オフト『日本サッカーの挑戦』徳増浩司訳、講談社
栗山英樹『栗山ノート』光文社
栗山英樹『育てる力　栗山英樹『論語と算盤』の教え』宝島社
川淵三郎『虹を摑む』講談社
鈴木洋史『天国と地獄　ラモス瑠偉のサッカー戦記』文春文庫
軍司貞則『オフト革命　勝つための人材と組織をどう作るか』祥伝社
ラモス瑠偉『ラモスの黙示録』ザ・マサダ
稲尾和久『神様、仏様、稲尾様　私の履歴書』日本経済新聞社

著者略歴

二宮清純《にのみやせいじゅん》

スポーツジャーナリスト。

一九六〇年生まれ。

明治大学大学院博士前期課程修了。広島大学特別招聘教授。

『スポーツ名勝負物語』『最強のプロ野球論』(ともに講談社現代新書)、『勝者の思考法』(PHP新書)、『人を動かす勝者の言葉』(東京書籍)、『天才セッター中田久美の頭脳《タクティクス》』(新潮社)、『歩を「と金」に変える人材活用術』(羽生善治との共著・廣済堂新書)など著書多数。

「SPORTS COMMUNICATIONS」(https://www.ninomiyasports.com)編集主幹。

幻冬舎新書 704

GENTOSHA

森保一の決める技法
サッカー日本代表監督の仕事論

二〇二三年九月二十五日 第一刷発行

著者 二宮清純

発行人 見城 徹
編集人 小木田順子
編集者 木田明理 福島広司
発行所 株式会社 幻冬舎
〒一五一-〇〇五一 東京都渋谷区千駄ヶ谷四-九-七
電話 〇三-五四一一-六二一一(編集)
〇三-五四一一-六二二二(営業)
公式HP https://www.gentosha.co.jp/
ブックデザイン 鈴木成一デザイン室
印刷・製本所 株式会社 光邦

Printed in Japan ISBN978-4-344-98706-7 C0295
に-8-1

*この本に関するご意見・ご感想は、左記アンケートフォームからお寄せください。
https://www.gentosha.co.jp/e/

幻冬舎新書

川淵三郎
独裁力

嫌われることを恐れずに、しがらみを断ち切り、独裁的に決断を下す。ただし私利私欲があってはいけない。それが優れたリーダーの条件である。「老いてなお盛ん」を体現する男の画期的組織論。

王貞治　岡田武史
人生で本当に大切なこと
壁にぶつかっている君たちへ

野球とサッカーで日本を代表する二人は困難をいかに乗り越えてきたのか。「成長のため怒りや悔しさを抑えるな」など、プレッシャーに打ち克ち、結果を残してきた裏に共通する信念を紹介。

生島淳
箱根駅伝　新ブランド校の時代

箱根駅伝最大のスターといえる、東洋大学・柏原竜二。しかし、柏原卒業後の二〇一三年以降、大学間の実力は拮抗し、混戦の時代を迎える。駅伝戦国時代を楽しむ最新観戦術を伝授。

岡田彰布
動くが負け
0勝144敗から考える監督論

決して自分から先には仕掛けず、相手の作戦を察知してから采配を振るう。勝つためには常に最悪の展開を想定し、「完璧な準備」をしておけばいい。マイナス思考でプラスの結果を引き出す、究極の戦術。

幻冬舎新書

平井伯昌
見抜く力
夢を叶えるコーチング

成功への指導法はひとつではない。北島康介と中村礼子の人間性を見抜き、それぞれ異なるアプローチで五輪メダリストへと導いた著者が、ビジネスにも通じる人の見抜き方、伸ばし方を指南する。

堤未果
堤未果のショック・ドクトリン
政府のやりたい放題から身を守る方法

コロナ禍や震災など惨事に便乗し、個人情報や資産が奪われようとしている!!　空前の利益を得る製薬企業の手口、マイナカードの先にある政府の思惑など……。強欲資本主義の正体を見抜く一冊。

出口治明
逆境を生き抜くための教養

脳出血で失語症・右半身まひという後遺症を抱えた著者。復帰の支えとなったのは読書で得てきた「知の力」だった。「知は力なり」を身をもって体験した著者に学ぶ、逆境で役立つ知識・物事の考え方。

和田秀樹
80歳の壁［実践篇］
幸齢者で生きぬく80の工夫

がくっと衰える人が多い「80歳の壁」を乗り越える秘訣は、無駄な我慢をしないこと。常識に捉われず、ちょっとした工夫で誰もが幸齢者になれる！　和田式・医者と病院の選び方も必読の一冊。